In der Saar feiern die Fische

Gegenwartslyrik & Szenen

AF194807

Vera Hewener

Edition Calamus

Nochmals feinsinniger als in ihren vorherigen Büchern geht Vera Hewener in ihren neuen Gedichten den gesellschaftlichen Realitäten auf den Grund. Am Puls der Zeit spürt sie der Meinungsfreiheit und dem Demokratieverständnis nach. Überhaupt setzt Vera Hewener auf die Erkenntniskraft des Lesers, den sie von Frage zu Frage eilen lässt und Sprachbilder heraufbeschwört, denen man sich nicht entziehen kann. Den Leser erwartet ein „Farbenfeuerwerk der Verse" mit „Sinn für feine Ironie und versöhnlichen Humor." Beatrix Hoffmann, 12.02.2004 SZ. Es „hagelt sogar so viele Wortgags, dass man gerne bei manchen verweilen möchte." Jürgen Kück,17.11.2003 SZ. Die teils humoristischen, teils ironischen, bis zur Satire überzeichneten Szenen alltäglicher Situationen eignen sich auch zum Nachspielen. Naturmagische Stimmungsbilder öffnen dem Leser neue Sichtweisen. Vera Hewener feiert die Natur, ohne pathetisch zu wirken. „Der Mensch ist geborgen und eingebunden in diesen Naturkreislauf, obwohl der ihn nicht braucht in seiner Vollkommenheit." Ruth Rousselange, 07.06.2017 SZ.

Für ihr literarisches Werk erhielt Vera Hewener mehrere internationale Literaturpreise und Auszeichnungen, u.a. den Superpremio Cultura Lombarda vom Centro Europeo di Cultura Rom (I) 2001, den Grand Prix Européen de Poésie vom Centre Européen pour la Promotion des Arts et des Lettres Thionville (F) 2005, Trophäe Goethe 2007, Goethepreis 2013, Trophäe Mörike 2015, zuletzt Wilhelm-Busch-Preis 2017.

„Sie liest verdammt gut, artikuliert ausgezeichnet... und man muss dabei ein bisschen an Tucholsky denken." SZ, 08.05.1997
„Anspruchsvoll und ungewöhnlich zugleich." SZ, 25./26.11.2000
„Sie ist eine politische Autorin." SZ, 17.11.2003
„Anmutige, unverbrauchte Bilder...findet Vera Hewener für das unaufhaltsame Werden und Vergehen der Natur, für dieses Wunder der ständigen Erneuerung." SZ, 07.06.2017
„Offensichtlich steckt auch ein Schalk in Hewener, einer, der mit heiterer Leichtigkeit Reime und Silben sammelt, bündelt und wieder streut." SZ, 07.12.2017

In der Saar feiern die Fische

Gegenwartslyrik & Szenen

Vera Hewener

Edition Calamus

Die Deutsche Bibliothek verzeichnet diese Publikation in der Deutschen Nationalbibliografie; detaillierte bibliografische Daten sind im Internet unter www.http://dnb.dnb.de abrufbar.

Herstellung und Verlag:
BoD - Books on Demand GmbH
In de Tarpen 42
D- 22848 Norderstedt

Printed in Germany
2. Auflage 2020
ISBN 9783752810080
8,90 €

Der breite Fluss

„Man hüte sich aber vor dem großen Mißverständniß, daß, weil die Anschauung durch die Erkenntniß der Kausalität vermittelt ist, deswegen zwischen Objekt und Subjekt das Verhältniß von Ursach und Wirkung bestehe; da vielmehr dasselbe immer nur zwischen unmittelbarem und vermitteltem Objekt, also immer nur zwischen Objekten Statt findet. Eben auf jener falschen Voraussetzung beruht der thörichte Streit über die Realität der Außenwelt, in welchem sich Dogmatismus und Skepticismus gegenüberstehen und jener bald als Realismus, bald als Idealismus auftritt."
Arthur Schopenhauer: Die Welt als Wille und Vorstellung.
Band I - Kapitel 7 (§.5.)

Der breite Fluss

Die Brücken krümmen sich.
Es zieht der breite Fluss
die Uferböschung ins Bodenlose.
Schuhe verlieren sich
und die Fußtritte der Jäger.

Bald wirst du den Sand
zurück schaufeln in die Mulden,
die sie hinterlassen haben,
den Nebel auswischen
und die Wundrose verbinden.

Krokodile lauerten lange im Sumpf:
sie schnellen hoch, wenn sie Beute riechen,
schnappen nach Gliedern,
verschlingen Gedanken und Köpfe.

Lass dich nicht anpreisen!
Verlasse die Fußtritte,
scheuch die Krokodile zurück,
schütte Sand in den Fluss.
Die Brücken krümmen sich.

Vogel im Käfig

Einsperren – wer tut einem Vogel das an?
Was soll ein Vogel im Käfig?
Auf der Stange schaukeln
zur Belustigung Anderer?

Die Flügel schwingen
ohne abheben zu können,
wie die Natur dies verlangt?
Den Kopf dabei stoßen,
auf den Boden fallen,
torkeln, taumeln, bis der Gleichgewichtssinn
sich wieder einstellt
zur Schadenfreude Anderer?

Das Gelächter aushalten
ohne kommentieren zu können.
Wer tut einem Vogel das an?
Er kann den Schnabel im Käfig nicht wetzen,
um scharf genug zu sein.

Körner wirft man ihm hin,
die er unterwürfig picken soll,
Körner, die gedroschen, entkernt.
Wer tut das einem Vogel an,
stumpf zu sein ohne Aussicht
auf Wehrhaftigkeit?

Vogelliebhaber öffnen den Käfig,
bewundern den kunstvollen Flug
im freien Fall durch sämtliche Luftschichten,
ohne zu ersticken oder atemlos zu sein.

Wer kann landen wie ein Vogel,
wenn er sich dem Wind entgegenstellt
mit aufrecht stehenden Federn,

den Boden berührt und tippelt,
bis er festen Stand hat?

Nun mögen Tierhalter sagen,
der Mensch soll sich die Erde untertan machen
und herrschen über die Fische im Meer und über die
Vögel des Himmels und über das Vieh.

Wer so denkt, weiß nichts
von Grundrechten.

Landflucht

Diese heimatlosen Dörfer
leerer Straßen
verlassener Häuser
tauchen das Gesicht
in ausgemusterte Schaufenster

Zwischen Discount und Bäckerei
pendeln die Zurückgebliebenen
nötigen sich das Haushalten ab
notfallmedizinisch versorgt

In den Ruinen vergangener Worte
verraten die Titelzeilen
noch Hoffnung und Widerstand

Emanzipiert

Was tut Frau nicht alles,
um emanzipiert zu sein?
Entgegen des mütterlichen Gefühls,
für ihr Kind da sein zu wollen,
es zu versorgen und zu erziehen.
Wie es die eigene Mutter noch getan hat,
ohne Aufrechnung des Aufwands und der Zeit.

Familienarbeit ist durch den Beruf zu ersetzen.
Gefühle durch Vernunft zu umgehen.
Nur wer die Dollarzeichen im Auge hat,
ist ein guter Bürger, manchmal
auch ein treuer Steuerzahler,
jedenfalls ein Arbeitnehmer
ohne Krankenschein und Kuren,
unkrank, unvernehmlich,
immer präsent, ohne Kinder-Fehltage
oder Sonderurlaub für Pflege.

Arbeite, als hättest du niemals
ein Kind geboren oder gebären wollen.
Ungeborene zählen ja nicht,
aus welchen Gründen auch immer.

Betriebe warten auf emanzipierte Frauen.
Es gilt die Arbeit, nicht der Preis,
abgesehen vom Lohn,
der ist ohnehin nur Kleinkram.

Vergiss, dass du eine Gebärmutter hast,
Männer werden Väter, niemals Mütter.
Stell einen Beschwerdeantrag gegen die Natur!
Sie wird ja ständig umgangen, missachtet.

Weshalb solltest gerade du

dich für dein Kind entscheiden?
Versorgung und Erziehung übernimmt
die Kita, jedenfalls bis zur Einschulung.

Warum sollst du nicht der Mensch sein,
für den man dich hält,
wo doch alle Selbstbestimmten
bei Gehaltserhöhungen und Beförderungen
gemieden werden.

Nicht mal Gewerkschaften
lehnen befristete Arbeitsverträge ab
oder Minijobs.

Sei emanzipiert, wie es die
moderne Gesellschaft verlangt.
Ob dein Kind das so sieht oder nicht.

Und käm das Kindlein heut zur Welt

Und käm das Kindlein heut zur Welt
im heiligen Saarbrücken,
das Standesamt hätt' es gezählt,
notfalls den Namen ausgewählt,
wenn's Stammbuch voller Lücken.
   Und käm das Kindlein unbemannt,
   wär der Erzeuger unbekannt,
   niemand würd es bedrücken.

Und ging Maria hinterher
zum Amt für Gottes Gnaden,
für Wohnung, Kleidung und Verzehr
den Antrag stellen und noch mehr
in Formularen baden.
   Und wär das Kind ohn' Unterhalt,
   die zugewies'ne Wohnung kalt,
   niemand würd sie einladen.

Und käm die Aufsicht ungefragt
vom Amt für alle Kinder
und hätt Maria dann gesagt,
dass sie es ganz alleine wagt,
das Amt wär Vaterfinder!
   Und gäb den Namen sie nicht preis,
   gäb es statt Vorschuss 'nen Verweis,
   die Schmach wär nicht gelinder.

Und würd der Unterhalt gekürzt
vom Amt für Gottes Gnaden,
Maria wär in Not gestürzt,
auch wenn die Ärmel aufgeschürzt,
zur Arbeit vorgeladen.
   Und wär der Lohn auch viel zu knapp,
   von früh bis spät wär sie auf Trab,

Leben auf Zeittaktpfaden.

Und käm ein Mann wie Josef her
und würde sie umsorgen,
erführ' das Amt die ganze Mär,
der Tratsch der Nachbarn lastet schwer,
dem Amt blieb nichts verborgen.

So gäb es doch kein Elterngeld,
weil ohne Trauschein dies nicht zählt,
es blieben noch mehr Sorgen.

Nun sag, oh lieber Herre Christ,
ob dies in Deinem Sinne ist?

Das Weidekindlein
nach einem Kurs in Selbstverteidigung

Sah ein Mann ein Kindlein stehn
auf der Menschenweide,
fand das Kindlein gar zu schön,
hielt es fest, es nah zu sehn,
sah's mit vielen Freuden.
Kindlein, Kindlein, Kindlein in Not
Kindlein auf der Weide.

Männlein sprach: „Ich steche dich,
Kindlein auf der Weide."
Kindlein sprach: „Ich breche dich,
dass du ewig denkst an mich.
denn ich will's nicht leiden."
Kindlein, Kindlein, Kindlein droht
Männlein auf der Weide.

Doch der wilde Mann nun stach
's Kindlein auf der Weide.
Kindlein wehrt sich und zerbrach
Mannes Rute mit Ach und Krach,
konnt den Stich vermeiden.
Kindlein, Kindlein, Kindlein bot
Widerstand auf der Weide.

Modernes Leben

Vergiss das Kinderkriegen!
Frauen tut man das an.
Zu viel Gemeinschaftssinn,
als dass Frau selbst
entscheiden könnte
oder wollte.

Wo doch die Kita deinem Kind
viel mehr zu bieten hat
als Mutterliebe, Vaterliebe
war ohnehin noch nie gefragt.

Hausarbeit ist nur noch
eine Freizeitbeschäftigung,
bei der technischen Entwicklung
lästige Nebenwirkung des Lebens.

Warum willst du selbst kochen,
bei dem Angebot an Fertigprodukten.
Aller ist vorbereitet, du brauchst nur noch
aufzutauen, aufzuwärmen, auszubacken.

Das moderne Leben entlastet dich
von allen notwendigen Alltäglichkeiten.
So lebt man heute und nicht anders.

Genieße deinen Beruf
und freue dich über die Errungenschaften
der Alltags-Industrie.
So sparst du viel Zeit,
die du ohnehin nicht hast.

Die Kunst des Älterwerdens

Alles aufgeben, zurücklassen
was sie aufgebaut,
sich der Hoffnung entledigen
ein eigenständiges Leben zu führen.
Heimaufenthalt als unabdingbare Wendung
des Älterwerdens?
Ist das nötig, nicht abzuwenden,
endgültig oder sinnvoll?

Sich den Rest des Lebens
vorstellen als Pflegefall,
Dauerpatient, Kostenfaktor?
Taschengeld als Endergebnis
der Lebensleistung.
Zeichen von Menschenwürde?

Was hat die Gesellschaft davon,
Pflegebedürftige als Sozialfall einzustufen?
Warten etwa Betreuungsvereine auf den Zugriff
des Familienhauses, Privatvermögens?

Ist der Lohn der Lebensleistung
die kollektive Enteignung des Individuums
jenseits der Steuern, Gebühren und Abgaben?

Was wäre, wenn in Zukunft alle Pflegebedürftige
den Heimaufenthalt verweigerten,
ein gemeinsames Haus für Gleichgesinnte bauten
mit eigener Versorgungsstruktur?

Wohlfahrtsverbände wären ihrer
Aufgaben beraubt,
Investoren der Boden unter den
Füßen weggerissen.

Pflegekräfte wären arbeitslos
oder erhielten sie etwa
eine angemessene Bezahlung
ohne Erhöhung der Pflegesätze?

Welche Verschwörung der Ältesten!
Und erst die Ehrenamtlichen.
Blieben alle jene Beschäftigungsideen,
Theateraufführungen, Kulturangebote
in den Köpfen stecken,
das Helfersyndrom ohne Erfüllung
und Aufwandsentschädigung?

Die Kunst des Älterwerdens
kann nicht Zukunft für alle sein.
Wer sich ihrer annimmt,
behalte die Vorstellungen
für sich, damit die Politiker
glauben können, sie sei ohnehin
nur von einigen Wenigen zu erreichen.

Wer so regiert, altert leichter?

Weitsicht

Wo war ich zu Haus,
da meine Stimme
von keinem Gipfel
zu hören war,
in keiner Kirche
mein Kreuz irgendjemand
interessierte.
Ich kniete mit schmerzlichen Knochen
im Wandelgang.

Ach Heimat,
wie fremd bist du gewesen
meinem Sinnen.
Himmelblau war mein Blick,
hinaufschauend
in Unendliches.

Meine Schlüssel werde ich zurücklassen,
irgendwann,
wenn die Türen sich schließen.
Ob sie je anderen passen werden,
Aufschluss geben
über das Zurückgelassene?

Für heute reicht
das Licht, das sich vorausschauend
aus dem Horizont löst,
flimmernd, wartend,
dass meine Augen
es auch zu erkennen vermögen.

Sonnenaufgang

Die Fenster haben den Rahmen gewechselt,
der Himmel die Wolken getauscht.
So ist es jedes Frühjahr
nach winterkalten Aussichten.

Die Sommer brannten im Herz,
der Wind fächelte Linderung.
Alles kühlte sich ab,
wenn der Herbst den Blätterabgang befahl.

Alle Jahreszeiten
schmückten den Kalender.
Wie viele Monde auch gingen,
folgten Sterne ihm nach.

Der Schlaf der Erinnerung,
geweckt vom Flügelschlag der Schwäne.
In den Schuhen noch Schweiß und Blut
des Nachtgangs.

Jetzt strahlt das Licht
von den Hügeln, abgöttisch, hell,
Landnahme Tag für Tag.
Alles Liebende zu Füßen.

Fortgehen

Bald wird mein Sehen
die Perspektive wechseln,
die Ränder anders krümmen,
Parkplätze verlassen,
die entwurzelten Bäume
neu verpflanzen.

Bald werden die Frühjahrsvögel
in einem anderen Garten frohlocken,
das Licht die Wolken verdunsten,
die am Horizont drohend noch
Gewitter versprechen.

Bald wird mein Stuhl
nicht mehr groß genug sein
für Neuankömmlinge
im Bildungsauditorium
des Selbstverherrlichten.

Meine Fenster werden geschlossen sein,
die Schränke geleert,
der Boden gewischt,
die weißen Wände neu getüncht
mit den Begehrlichkeiten Nachfolgender.

Mir zur Freude bleiben
unversehrte Augenblicke,
die zu borgen ich mir erlaubte
aus dem See erinnerter Hoffnung.

Im Licht der Zeit

Ich hab das Licht der Zeit ins Glas gestellt,
es blüht fortan Stunde um Stunde,
erhellt die Zeit bis zur letzten Sekunde,
wenn Abschied naht, der feste Vorhang fällt.

Doch sei nicht traurig über diese Wendung,
es scheint ein Licht am Wendepunkt der Zeit.
Erlischt es vorher, war alles nur Verblendung
und all dein Werden wurde nie gescheit.

Erreichst du irgendwann einmal nach Jahren,
feste Wurzeln in des Herbstes buntem Wald,
auflösen Nebelflure sich im Klaren
und deines Willens Welt gewinnt Gestalt.

Zwischen Wendezeiten

Oh kalte Zeit, du schneidest dich in Scheiben,
zerrinnst im Handumdreh'n zu Licht und Schatten
und kenterst unbemerkt wie die Fregatten,
die zwischen Stürmen sich den Bug zerreiben.

Was hält dort Stand, wer kann da aufrecht bleiben,
wo alles modert derb wie abgeriss'ne Latten.
Kein Seestern gräbt sich ein in abgestand'ne Watten,
will dem Verderben frei sich einverleiben.

Der neue Tag zerstückelt den Kalender,
die abgelöste Zeit beginnt zu wachsen,
fügt Stund' um Stund' beisammen und behänder

strebt das Licht zu Wendezeiten-Achsen.
Es wärmt die Sonn' am Horizont das Auge,
dass diese Zeit zu neuem Aufbruch tauge.

Abschied und Anfang

Verdorrt die Rose, verstummt der Wind,
die Blätter liegen am Boden.
Ein Vogel irrt durch den Nebel blind,
im Schnabel die letzten Rhapsoden.

Fort, fort ist das Liebeslied,
dein Herz ging fort auf Reisen,
müd, müd ist das Himmelskind,
die Sonne will nicht mehr kreisen.

So kalt ist mir, so leer mein Sinn,
so trist das Land im Schweigen.
Das Sterben kommt vor dem Neubeginn,
das Leben muss sich erst neigen.

Weiß, weiß fällt herab der Schnee,
verloren sind alle Farben.
Wann, wann blüht der erste Klee.
Mein Herz, mein Herz muss darben.

Doch kommt zurück das Sonnenlicht,
beginnt der Blüten Strahlen.
Kommst du zurück, wenn das Eis zerbricht,
im Herzen die Feuer malen.

Weit, weit geht der Himmel auf,
vorbei die Nacht, es will leben.
Schau, schau in den Sternenlauf,
zur Sonne will alles hinstreben.

Zu singen auf die Melodie „Greensleeves"
Musik: Englische Volksmelodie, 16. Jahrhundert

Oh Danny Boy

Oh, Danny Boy, die Pfeifen, Pfeifen singen
von Tal zu Tal, vom Gipfel weit und breit.
Wenn all die Rosen welk, Sommer verklingen,
bist du, bist du weit fort, mein Herz ist voller Leid.

Kommst du zurück, wenn Sommerwiesen blühen
oder die Täler still schweigen im Schnee.
Ich wart auf dich, ob Schatten, Sonnen glühen.
oh Danny Boy, ich wart, bis ich dich wiederseh'.

Kommst du erst, wenn verstummt die Vogelkehle.
Wenn ich gegangen bin aus dieser Zeit,
findet dein Herz den Ruheort der Seele,
bete für mich ein Ave und gebenedeit.

Hör ich dein Wort, die Stimme wird mich wecken,
alles wird leicht und süßer als vorher.
Sprich mir von Liebe durch die Rosenhecken.
Oh Danny Boy, ich weiß, wir lieben uns so sehr.

Zu singen auf die Melodie „Londonderry Air"
Originaltext: Frederic Weatherly 1910
Melodie: Irische Volksweise, Verfasser unbekannt

Auswörterung

„Wer die Gestaltung des Satzes vom Grunde, welche in
der reinen Zeit als solcher erscheint und auf der alles
Zählen und Rechnen beruht, erkannt hat, der hat eben
damit auch das ganze Wesen der Zeit erkannt. Sie ist
weiter nichts, als eben jene Gestaltung des Satzes vom
Grunde, und hat keine andere Eigenschaft. Succession
ist die Gestalt des Satzes vom Grunde in der Zeit; Suc-
cession ist das ganze Wesen der Zeit."
*Arthur Schopenhauer: Die Welt als Wille und Vorstel-
lung. Band I - Kapitel 6 (§.4.)*

Meinungsbildung

Alles zu schreiben. Nichts auszulassen,
nicht die Gegenwart, nicht die Vergangenheit,
nicht das als Wahrheit Erkannte.
Ist das möglich, machbar,
lebensbedrohlich oder sinnvoll?

Sich die Welt vorstellen
ohne jede Einschränkung
der Vernunft, sich zu erheben
als Ritter der Tafelrunde ohne Schwert,
nur mit Stift und Bogen bewaffnet.

Die Wahrheit eingeteilt in Wunsch, Hoffnung,
real Existierendem, kritische Distanz
als Widerstand oder Handelsobjekt einer
Win-Win-Situation?

Schlechte Nachrichten in gute verwandeln,
bar jeder Gerechtigkeit,
falsche Nachrichten verbreiten
als individuellen Standpunkt des Gesellschaftlichen?
Alles zu sagen, alles zu schreiben,
was der Zielerreichung dient?

Schwer vorstellbar, dass das Totgeschwiegene
nach der Beerdigung von sich reden macht,
worauf sich Meinungsbildner verlassen können.
Verkaufszahlen werden nicht an Fakten gemessen,
Auflagen nicht an Worten.

Was ist mit Whistleblower, Wikileaker, Informanten?
Sind sie die Garanten der offenen Berichterstattung,
wahrheitsgetreu, schonungslos,
mit wirklichen Fakten?

Seht sie euch an, die das Wort
sich aus den Rippen schreiben,
ohne den Rubikon zu überqueren
oder Grenzzäune aufzuschneiden,
ein Maß, das niemand haben will?

Und ich sage euch,
keiner wird die Tinte berühren,
wenn sie getrocknet ist,
keiner wird die Worte auswischen,
wenn jeder sie mit seinen Augen sehen konnte.

So mögen alle, die schreiben, behaupten,
der Meinungsfreiheit zu dienen.

Wer so schreibt, stirbt leichter.

Auswörterung

Heute hat mir die Zeitung geschrieben,
dass einige Wörter nicht mehr
gedruckt werden dürfen.
Sie wurden an Wortagenturen ausgeliehen
zur Überprüfung der Passbarkeit,
zur Überprüfung der Erwünschtheit,
zur Überprüfung der Wertigkeit.

Alle Wörter, die in Ungnade gefallen seien,
müssten sich vor dem Wortgericht verantworten.
Wer weiterhin ausgewörterte Wörter benutzt,
mache sich gemäß des öffentlichen
Sprachgebrauchsgesetzes strafbar.

Darin steht:
Wer ausgewörterte Wörter in Umlauf bringt,
macht sich der unerlaubten Wörterei schuldig.
Zuwiderhandlung wird mit Wortarbeit
nicht unter zwölf Artikeln geahndet.

Objektive Relativität

Hast du gehört,
dass das, was du gehört hast,
andere anders gehört haben?

Hast du gehört,
dass das, was du gelesen hast,
andere anders gelesen haben?

Hast du gehört,
dass das, was du gesehen hast,
andere anders gesehen haben?

Hast du gespürt,
dass das, was du gespürt hast,
andere anders empfinden?

Hör nicht, lies nicht, sieh nicht, spür nicht,
hör auf zu glauben, dass Objektivität
eine Frage von Wahrhaftigkeit sei.

Gefunden

Ich ging so für mich hin
im leeren grünen Wald
und suchte keinen Sinn
da goethet's in mir bald

    ich fand das Ungefundene
    im Schatten des Gelichts
    und sah das Unverbundene
    und sah und sah doch nichts

da hob ich alle Lettern
aus ihren Wörtern auf
sie fingen an zu klettern
und woben sich hinauf

    ich trags nach Haus das Verslein
    schreib's auf am stillen Ort
    da blüht das Dichterherzlein
    und glüht und blüht so fort

Wörterei

Wenn die Wörter örtern,
  werden Sätze Schätze,
wenn die Zeilen weilen,
  wollen Strophen schwofen,
wenn Gedichte lichten,
  Schriften sich verdichten.

Wörter, die empörter,
  lassen Sätze hetzen,
Zeilen, die sich keilen,
  strophen sich zu Schrofen,
Gedichte, die sich schichten,
  lassen Schriften liften.

Wenn die Wörter muskeln,
  werden Sätze Fluskeln,
wenn die Zeilen eilen,
  sich die Strophen teilen,
wenn Gedichte richten,
  Schriften drauf verzichten.

Musterungen

Die Vorstellung des Wortes
verwörtert die Gedanken.

Wörter sind subjektive Gedanken,
Sätze sind objektivierte Wörter.

Die Vorstellung des Satzes vom Grunde
versetzt die Gegenwart.

Ausgemusterte Sätze
versetzen die Geschichte.

Versetzungen sind erlaubt,
solange sie die Geschichte
bewörtern.

Der Narr

Ein Scherz, herrje, ein Scherz ist schwer,
doch mögen viele Scherze mehr
als Klagen, schlechte-Welt-Poetik,
sie lieben Reime, Wortphonetik.

Und schreibst du auf, was keimt und fleimt,
bedenke, dass dich mancher leimt,
der Herr der roten Stifte ist,
weil er den Sinn so ganz vermisst.

Dem Dichter schlägt die Richterstund:
Der Ernst beherrsche die Vernunft
und nicht das liederliche Lachen!

Da kann man nur noch Scherze machen.

Wortverschreibung

Das Wort, aus dem ich einmal trank,
sagte man mir, macht viel Gestank.
Es will nicht wie die andren schweigen,
will hoch hinauf in Köpfe steigen.

Doch seien die so voll mit Leere,
dass jedes Wort sie gleich beschwere
und brächte jene gleich zu Fall.

Drum bat man mich wie überall,
das Schreiben doch zu unterlassen,
bevor mich andre Köpfe fassen,
ein Wort habe doch kein Gewicht.

Da denk ich mir, verschreib dich nicht!

Reimerei

Ei was wörter ich da rum,
jeder Satz ein Unikum,
jeder Vers ein Rätselraten,
muss ich mir die Strophen braten,
geb sie zweifelnd wieder her,
Reim auf Reim, ich kann nicht mehr!

Ach ihr Dichter lasst euch sagen,
Versvernichter sind wie Plagen,
nichts ist ihnen gut genug,
dumm wird dümmer, klüger klug,
und die ganz besond'ren Schreiber
machen aus dem Schwan 'nen Kleiber.

Ausblick

Mit allen Qualen, die aus der Tinte rinnen,
schreibst du deine Sätze,

mit allen Flüssen, die ins Meer strömen,
tauchst du unter,

mit allen Monden, die dich anziehen,
verbringst du die Nächte.

Der Augenblick der Erkenntnis
ist jeder Vorstellungskraft enthoben,
wenn er unausweichlich,
unwiderruflich
mit geballter Kraft
die Fenster deiner Augen öffnet.

Und doch sieht niemand ins Licht,
ohne geblendet zu werden.

In der Saar feiern die Fische

Das Krokodil ist nur stark, wenn es im Wasser ist.
Sprichwort aus Angola

Wahlverwandtschaft

In der Saar, in der Saar
schwimmt ein neues Schwanenpaar.
Huldvoll tanzt die Schwänin Tango,
schwungvoll schlämmt der Schwan im Fango,

hebt die Flügel des Gesangs,
auf die Hügel seines Hangs,
hälst sich an der Schwänin Hals,
reibt sich auf bei dieser Balz.

Das geneigte Publikum
klatscht laut bis zum Ultimum,
hofft auf viele große Eier
dieser großen Liebesfeier.

Doch die ganze Biomatic
übersieht die Problematik,
Schwanenkinder fliegen fort,
bleiben nicht am Elternort.

Auch die Eltern werden älter,
viel zu groß werden Gehälter
der illustren Vogelschau.
Und die Schnecken, viel zu schlau,
ziehen mit im Unterbau.

Just in all dem Wassergrau
schwimmen viele Bachforellen
die den Unterbau erhellen.
Und so endet die Geschichte,
dass der Neffe und die Nichte
Wahlverwandtschaften ergründen,
um auf's Neu sich zu verbünden.

Und das Wasser in der Saar
plätschert scheinbar klar.

Kleinvieh macht auch Mist

„Hier ist die Oberbürgermeisterin. Die Weberin soll umgehend in mein Büro kommen."

„Guten Morgen, Frau Oberbürgermeisterin."

„Guten Morgen Weberin. Haben Sie die Zeitung schon gelesen? Da steht, im Rathaus sei man in der oberen Etage neuerdings auf Rosen gebettet."

„Die meinen sicher den Rosenstrauß auf Ihrem Schreibtisch."

„Sie sind wohl von allen guten Geistern verlassen?"

„Die Geister verlassen mich eigentlich nie, die suchen mich ständig!"

„Welcher Geist sucht Sie schon?"

„Der Flaschengeist."

„Haben Sie zu viel getrunken?"

„So tief bin ich nun auch nicht gesunken."

„Gesunken oder getrunken. Im Dienst ist Alkohol verboten."

„Ja, weil Kinder und Betrunkene die Wahrheit sagen."

„Weberin, wollen Sie etwa sagen, dass in meinem Rathaus gelogen wird?"

„Gelogen ist ein scharfes Schwert, gebogen, gebogen trifft es eher. Ich kann da nicht mithalten, mein Gewicht reicht dazu nicht aus."

„Wer leicht ist, kommt auch leicht ins Fliegen.“

„Da haben Sie Recht. Ist nur gut, dass Sie immer den Vogel abschießen wollen.“

„Weberin! Ich kann doch gar nicht schießen!“

„Ja, weil Sie die Brille vergessen, wenn Sie treffen sollen.“

„Ich vergesse die Brille nur, um sie zu schonen. Sie wissen doch, dass wir pleite sind.“

„Sind deshalb die Klobrillen im unteren Rathaus alle aus Plastik. Nur auf Ihrem Flur gibt es welche aus Porzellan.“

„Das war ein Versehen der Verwaltung. Deshalb sind wir aber noch lange nicht auf Rosen gebettet.“

„Wer gut sitzt, die Griffel spitzt. Bei soviel Druck kann einem das gute Stück schon mal abbrechen und in die falsche Spalte geraten.“

„Da sagen Sie es selbst. Ein Fehler der Verwaltung.“

„Ja, ja, das Stiefbauamt hat viele Brüder und Schwester. Aber umtauschen hätte man sie können.“

„Bei dem Rücksendeporto hat sich das nicht gelohnt.“

„Wieso, die Post schlägt doch erst nach der Wahl auf?“

„Die Dinger kamen aus China und sind verschifft worden.“

„Jetzt verstehe ich, warum die schräge Augenwinkel haben.“

„Alle Asiaten sehen schief aus. Das ist genetisch bedingt."

„Ja, aber wenn man sich auf diesen kleinen Klobrillen sein ganzes Leben lang rumdrücken muss, verkneifen sich die Augenwinkel automatisch. Weshalb hier auch so viele schräge Vögel herumlaufen."

„Weberin, jetzt ist aber gut! Schräg hin oder her. Damit wir die nicht zurückschicken, haben die uns angeboten, eine Klobrille aus Porzellan nachzuliefern. Kostenlos versteht sich."

„Ja, aber zwei sind gekommen."

„Das war der Rabatt für die Nachbestellung."

„So spart man also im Rathaus. Wer falsch bestellt, sich besser stellt. Gibt es deshalb in Ihrer Etage so viele Bessergestellte?"

„Machen Sie sich lieber einen Reim darauf, was Sie der Presse entgegnen wollen."

„Wenn's höher springt, es nicht mehr stinkt. Und steht das Pferd erst auf dem Flur, folgt ihm das Volk auf seiner Spur."

„Weberin! Sind Sie noch bei Sinnen?"

„Sie haben doch gesagt, ich soll Reime drauf spinnen."

„Was soll das denn jetzt wieder bedeuten? Reden Sie endlich mal deutsch."

„Sie sind gut. Da wäre ich ja die einzige in der Bahnhofstraße, die man verstehen könnte. Dort ist die Übervölkerung nicht zurückgegangen."

„Das ist auch gut so. Wenn viel eingekauft wird, sprudeln die Steuern."

„Dann sollten Sie überall Brunnen aufstellen. Am besten bestellen ihre Bessergestellten die auch in China. Bei der Rabattaktion könnten Sie soviel Steuern sparen, dass Sie hinterher die restlichen Toiletten renovieren könnten. Sonst ist die Verwaltung irgendwann so verkniffen, dass Ihnen die Augen aufgehen. Und außerdem: Kleinvieh macht auch Mist."

„Was ist das denn bitte für eine Strategie? Wollen Sie so etwa eine Wahl gewinnen?"

„Der Chinese sagt, bekämpfe den Gegner dort, wo er es nicht erwartet. Und ist die Brille noch so klein, kann doch ein Kleiner reiner sein. Doch sollte man's nicht übertreiben. Wer will darin schon stecken bleiben."

„Und hast du Augen auf der Stirn, sieht jeder gleich in dein Gehirn, Weberin."

„Drum sollten Sie auch sitzenbleiben, den Durchblick nicht zu übertreiben. Wer Augen hat, der sieht nicht weg, im Saarland spielt man gern im Dreck. Und wer erspielt ganz viele Klicker, gewinnt das Herz vieler Saarbricker."

Wahlgang

Ich gehe zur Wahl
auch wenn ich keine Wahl habe
wählerisch zu sein
das Vorrecht der Demokraten

alle Kreuze kreuzen Kreise
bevor sie vergreisen
kreisen Kreise um Kreuze
verkreuzen sich die Kreise

Kreis über Kreuz
Kreuz über Kreis
umkreiste Kreise
verkreuzte Kreuze

bevor Kreise und Kreuze
die Demokratie durchkreuzen
kreuze ich auf

In der Saar feiern die Fische

In der Saar feiern die Fische.
Die Krokodile entlang deiner Wege
lagern auf dünnem Sand.

Längst sind die Ufer
unbewohnbar geworden,
das Schilf gelichtet.

Die Beute, verfault im Maul,
riecht verdorben, toxischer Abfall
Überernährter.

Noch einmal wälzen sie sich im Schlamm,
bevor die Sonne sie austrocknet,
die Schuppenhaut versteinert.
Kein Leder für Pradataschen mehr.

Sie suchen neue Buchten
für den letzten Fang im Trüben.

Das Maul aufgestellt
warten sie auf neuen Wind,
der die Zähne reinigt,
die Schuppenhaut entstaubt.

In der Saar feiern die Fische.

Die Wahl

Was willst du wählen
   hab Vertrauen, hab Vertrauen
wenn du keine Wahl hast
   hab Vertrauen
welche Kreise
   alle Kreise sind rund
ziehen deine Kreuze
   jeder trägt ein Kreuz
wenn die Farben sich vermischen
   alle Farben sind schön
bis dein Kreuz
   auch der Regenbogen kreuzt Farben
dir um den Hals hängt
   Halsketten sind Schmuckstücke
Wo sind deine Bilder
   leg sie in die Schatulle
die du erstanden
   ach bring sie zum Sterndeuter
mit dem Blut deiner Ahnungen
   zur Farbdreherei
Was aber wählst du
   für die Vorratskammer der Schmuckhändler
wenn Farbenblindheit vorherrscht

Sondierung

Wie lange wird das Verhandeln sich selbst genügen?
Ergebnisse lassen immer auf sich warten,
Wie viele Punkte haben Grundsätze?
Wenn man schwarz auf weiß ausschreibt.
Von welchem Turm hat man die beste Aussicht?
Zu viel Höhenluft macht schwindlig.
Alle sind zur Verschwiegenheit verpflichtet.
Stell die Ohren auf Durchzug!
Die Gespräche sind atmosphärisch dicht.
Auch Joker sind Karten.
Offenheit ist beiderseits gegeben.
Nichts ist unmöglich.
Durchbruch nach vierundzwanzigstündigem Marathon.
Wenn man die Ziellinien verändert.
Besiegelt mit Handschlag und Verkündigung
ist jeder Meter ein Punkt.

Sportsfreunde

Die alten Krokodile mühen sich um Kondition,
spurten oder robben sich zum Fluss,
Wettkampf der Sportsfreunde.

Ein Raffzahn sucht noch nach Beute
im Sumpf, ertrinkt im schwarzen Moor.

Überfüllt rollt die Saar durch das Land,
schlägt Wellen, tritt ab und an
über die Ufer, wässert Gärten und Wiesen.

Das Hochwasser hinterlässt den Schlamm
der Jahre, es stinkt im Land,
morbider Geruch eines Novembers,
der Wandlung versprach.

Bevor der Frühling kommt,
regeln die Nebenflüsse den Abfluss,
verzieht sich der Schlamm in einzelne Beete,
Fruchtwasser für neue Blüten und Ernten?

Vogelfrei

Sie drängen sich in Kleiderkammern,
tauschen Pfandflaschen gegen Zigaretten.

Den Bettelplatz gegen Banden verteidigt,
in öffentlichen Toiletten den Kopf gewaschen.

In Abfallkörben gewühlt, den Vorrat gesichert,
an der Tafel eine Nummer gezogen.

Am Abend den Schlafplatz gesichert,
den hungrigen Hund beruhigt.

In der Kälte die Wärmestube aufgesucht,
die Wunden von ehrenamtlichen Ärzten verbunden.

In der offenen Nacht der Kirchen Weihnachten gefeiert,
Geschenke im gefundenen Rucksack verstaut.

Sie kennen die Wirkung der Ablehnungsbescheide
und die Angst der ausstellenden Beamten.

Wohnungen sind rar geworden,
das Hilfspersonal gestrichen.

Sie trinken Wein und backen keine Brötchen.
Sie sind richtig frei geworden.

Würfelspiel

Was treibt die Sehnsucht in die Augen
im überkommenen Rest des Möglichen?
Philosophen finden darauf eine Antwort.

Wäre dies das einzig Wahre, Schöne, Gute,
hätten wir das Spiel längst verloren.

Im real existierenden Gesellschaftsraum
fallen die Würfel anders: alle Augen zählen.

In welchem Feld sind zwei Augen zu viel,
in welchem zu wenig?
Ist die Augenzahl des Rätsels Lösung?

Wer beim Würfeln den Boden aus den Augen verliert,
hört nie auf zu suchen.

Selbst wenn der Würfel zurückfällt ins Licht,
weiß man nicht, ob die Zahl noch stimmt.
Zu oft werden die Augen geblendet.

Kappensitzung

„Hier ist die Oberbürgermeisterin. Die Weberin soll umgehend in mein Büro kommen."

„Guten Morgen, Frau Oberbürgermeisterin."

„Guten Morgen Weberin. Sagen Sie mal, Sie waren doch gestern bei der Kappensitzung."

„Kappensitzung? Ich dachte der Stadtrat tagt erst wieder nach Fasching."

„Weberin, Sie sollten die ehrenamtlichen Würdenträger nicht so beleidigen."

„Ehrenamt? Ist das ein Faschingsscherz? Seit wann braucht man für dieses Amt Ehre?"

„Nicht das Amt braucht die Ehre, die Ehre braucht das Amt."

„Ach was, und ich dachte, es ginge um die Sitzungsgelder."

„Umsonst ist nur der Tod und der kostet das Leben."

„So viel Vergeblichkeit drückt eben auf den Stadtsäckel. Doch ist die Stadt erst ruiniert, stärkt sie Kontrollen ungeniert."

„Weberin, die Parkplatzsituation wird ohne Kontrollen auch nicht besser."

„Wenn Sie das sagen, Frau Oberbürgermeisterin."

„Weberin, waren Sie nun auf der Kappensitzung in der Saarlandhalle? Ich war leider zu unpässlich."

„So viel Unpässlichkeit bei einer Prunksitzung hat es noch nicht gegeben."

„Wie meinen Sie das."

„Der Oppositionsführer war auch nicht da."

„Dann war das wohl ein Schuss ins Leere."

„Eher vor den Bug. Da die führenden Politiker der Landeshauptstadt nicht anwesend waren, hat der Elferrat eine Oberbürgermeisterin und einen Oppositionsführer aus dem Publikum nominiert. Man wollte für die Pfeile eine Zielscheibe haben."

„Diese Faschingsprinzen haben also eine Bühne gebraucht."

„Da verstehen die keinen Spaß. An Fasching ist niemand zum Scherzen aufgelegt."

„Wäre auch ein Wunder, wenn das Volk seinen natürlichen Aufgaben nachkommen würde."

„Ganz im Gegenteil. Das Volk hat gewütet wie einst bei Nero, dem Verrückten."

„Wie Kaiser Nero? Der hat Rom in Brand gesetzt."

„Und der Elferrat die Saarlandhalle."

„Was, es hat gebrannt? Tatsächlich? Mein Gott, die Feuerwehr ist immer noch unterbesetzt."

„Es brannte an Worten, so dass das Volk mit dem Löschen nicht mehr nachkam. Das hat vielleicht gestunken."

„Wieso gestunken?"

„Ja trinken Sie mal den ganzen Abend Apfelsaft. Die Verdauung möchte ich sehen, die da nicht angeregt werden würde."

„Weshalb gab es keinen Champagner?"

„Die Königin der Weine war ausgegangen, genau wie Sie."

„Fasching ohne Champagner? Das gibt es doch gar nicht."

„Nachdem der Elferrat für Ihren Ersatz gesorgte hatte, ersetzte dieser den Champagner mit Apfelsaft. Der hat sich die Faschingsreden so sehr zu Herzen genommen, dass er nicht weiter Wasser predigen und Wein trinken wollte."

„Das ist ja ungeheuerlich, Kritik ernst zu nehmen und den Leuten das Trinken verbieten! Da haben wir ja gar keinen Umsatz gemacht."

„Das ist das Schöne daran. Alle nichtalkoholischen Getränke waren teurer als der Alkohol."

„Das Vergnügen lag also auf unserer Seite."

„Nicht ganz. Das Volk begnügte sich nicht mit Wasser. Die nahmen den Spaß auch todernst, packten den vorsorglich eingeschleusten Vorrat aus und begannen, heimlich zu trinken. Als die Narren von dem vielen Alko-Wasser trunken waren, stürmten diese die Reservebänke..."

„Was?"

„Sie stürmten die reservierten Bänke und verpassten den Ehrenbürgern eine Wassertaufe. Da stand das ganze Kabinett unter Wasser und sang mit ihrem Volk

52

gemeinsam *mir fahre mem Schiffche so gär uf da Saar.* Die nichtalkoholisierte Oberbürgermeisterin hat man dann mitsamt dem Oppositionsführer zu Grabe getragen. Das war vielleicht eine schöne Beerdigung. So einen würdevollen Abgang hat es an der Saar schon lange nicht mehr gegeben."

Phraserie

Wer frisst sich durch das Fressen?
Einem geschenkten Gaul schaut man ins Maul.
Vollwertige Nahrung hält länger.
Wenn die Mäuse satt sind, wird die Milch sauer.
In der Schlagkraft liegt die Würze.
Was dich umbringt, hält länger.
Gemeinsam schaffen wir das!
Auch Fäustlinge sind Handschuhe.
Kleinvieh macht auch Mist.
Dung wird Dünger
Wer rastet, der rostet.
Jung wird jünger,
Das Alte stürzt, es ändern sich die Zeiten.
alt wird älter,
Reden ist Silber, Schreiben ist Gold
Wort wird Wörter.
Sätze Ketzer

Karussell – Jardin de la Croix

Im Kelterhaus dreht sich für Stunden
alles um die Wahl, ganz ohne Zögern, ein Tag,
der lange dauert vor dem Ende.

Zwar tragen manche Sonntagskleidung
voll Stolz in ihren Roben, da Treue sie geloben.

Die Stifte sind bereit
und alle haben Mut in ihren Minen,
ein Wahlhelfer gibt ihnen
die Stimmzettel.

Und dann und wann eine leere Kabine.

Zwischen den Kojen kommen sie vorüber,
den grauen Umschlag in der Hand,
zielgerichtet zur Urnenwand.

Und dann und wann eine leere Kabine.

Das geht so hin, plaudert und dauert
und hat ein End. In der Ecke kauert
das gerade begonnene Profil
des Erstwählers, der selig geblendet,
Kreuze verschwendet
an dieses heiß begehrte, demokratische Ankreuzspiel.

Katzensprung

„Hier ist die Oberbürgermeisterin. Die Weberin soll umgehend in mein Büro kommen."

„Guten Morgen, Frau Oberbürgermeisterin."

„Guten Morgen Weberin. Als ich heute früh in mein Büro kam, rief mich der Regionalverbandsdirektor an und hat sich bitter über Sie beschwert."

„Ach ja, so schwer bin ich doch gar nicht."

„Was heißt hier, so schwer bin ich nicht. Wie viel Gewicht Sie haben, ist dem Regionalverbandsdirektor doch ganz egal!"

„Er hat aber gesagt, wir müssen alle alles in die Waagschale werfen, um die nächste Wahl zu gewinnen. Da bin ich ihm halt in die Arme gesprungen."

„Um Gottes Willen, Weberin, was haben Sie gemacht? Sie sind dem Regionalverbandsdirektor bei der Wahlveranstaltung in der Kongresshalle in die Arme gesprungen?"

„Ja, was blieb mir denn anderes übrig? Seine Frau war nicht da."

„Ja und? Das ist doch kein Grund, ihn öffentlich bloßzustellen?"

„Ja aber er hatte noch alle seine Kleider an. Bloß, bloß den Mantel hatte er ausgezogen."

„Was spielt denn das für eine Rolle, ob er seinen Mantel an hatte oder nicht"

„Dann hätte er die Arme nicht so ausbreiten können."

„Wie, die Arme ausbreiten? Seit wann breitet der Regionalverbandsdirektor seine Arme aus. Er ist doch kein Priester."

„Sein Geist sollte über sein Volk kommen. Sehen Sie, die Blaskapelle spielte *Warte, warte noch ein Weilchen, bald kommt auch das Glück zu dir,* dann marschierte er auf die Bühne. Als das Volk dann sang *bringt vom Himmel dir ein Teilchen,* hat er die Arme ausgebreitet wie zum Segen."

„Das war doch kein Segen, sondern ein Willkommensgruß."

„Als er die Arme ausgebreitet hat, um sein Volk segnend zu begrüßen, bin ich ihm in die Arme gesprungen, weil seine Frau nicht da war, um ihm Stand zu geben."

„Ja, spinnen Sie denn?"

„Ja wenn ich das gekonnt hätte, hätte ich ein Netz gesponnen, um ihn festzuhalten."

„Was, ein Netz gesponnen. So ein Unsinn."

„Ja, doch, ich bin ihm in die Arme gesprungen, damit er sein Gewicht halten konnte. Der hat doch wieder eine Diät gemacht. Einer musste doch dem ganzen Gewicht verleihen. Sonst fällt er am Ende noch um. Und da hab ich halt gedacht, machst es ihm ein bisschen schwerer."

„Was glauben Sie denn, was seine Frau dazu gesagt hat? Am Ende entwickelt sich daraus noch eine Ehekrise. Und das mitten im Wahlkampf!"

„Das glaub ich nicht. Der redet doch schon seit Wochen nicht mehr mit ihr."

„Wissen Sie etwas, was ich nicht weiß?"

„Er hat mir im Vertrauen erzählt, dass er mit seiner Frau nicht spricht, weil er sie nicht unterbrechen wollte. Bei ihrem Redefluss käme selbst die Saar ins Schwimmen."

„Was, das muss einem doch gesagt werden. Am Ende bekommen wir Hochwasser und gewinnen die Wahl."

„Wie sagt schon ein altes Sprichwort aus Angola: Das Krokodil ist nur stark, wenn es im Wasser ist."

„In der Saar schwimmen keine Krokodile, Weberin."

„Bei soviel Oberwasser sind die auch alle an Land gegangen. Weshalb jetzt die Fische in der Saar feiern."

„Seit wann können Fische feiern?"

„Seit dem letzten Angelzug. Ist die Bevölkerung gesunken, verliert das Land viele Halunken."

„So, ich sehe immer noch das Schwarze in der Mitte."

„Wenn es dunkel wird, ist es immer schwarz. Bei Nacht sind alle Fratzen grau."

„Das heißt Katzen, Weberin, Katzen."

„Und ist die Katze noch so grau, so bleibt sie dennoch seine Frau."

„Was erlauben Sie sich denn?"

„Und ist die Frau ein kleiner Fratz, dann war der Wahlkampf für die Katz."

„Weberin, das ist Insubordination, Sabotage. Vielleicht sind Sie hier am falschen Platz!"

„Ich bin noch nicht zu Ende mit dem Reimen. Und ist der Wahlkampf für die Katz, gibt seine Frau ihm einen Schmatz."

„Der Wahlkampf ist doch keine erotische Veranstaltung, Weberin. Wir sind nicht in Amerika. Hier zählt der Inhalt, nicht das Auge!"

„Und ist der Schmatz so richtig fest, wünscht ihm das Wähleraug das Best'. Drum küsse stets, was dich verbindet, damit das Wählerherz dich findet."

Saarbrücker Skizzen

Nur wer sich auf den Weg macht, wird neues Land ent-
decken! *Hugo von Hofmannsthal*

Frühlingsaufbruch

Das alte Schloss versinkt im Nebel wie die Tauben
unterm Dach, das ein kaltes Nest beschürzt.
Die aufgestellten Seitenflügel klauben
sich Farbe aus dem Winter. Die Sonne stürzt

zu Boden wie Fallobst von den Ästen,
überdrüssig, angefault, geplatzt,
und Gärten steh'n wie leere Blumenkästen
auf Fensterbänken, Wind zerkratzt.

Im Mittelrisalit aus Glas aufsteigt
ein Klang in Himmelshöhen, als wollt Amalie
streiten mit der Frühlingspersonalie,

welche wolkentriefend, verschnupft sich zeigt
mit Knospenkränzen, ausschlagenden Bäumen,
dass sie den Blütenzauber nicht versäumen.

Frühling in Saarbrücken

Die weiße Stadt verfängt sich in den Seilen,
von Sonnenhand geworfen in den Tag.
Das Lichtern blendet durch die Straßenzeilen
Parlierende, Knospen brechen auf im Hag

des Frühlings wie ein aufgeklappter Fächer,
lebensbejahend, Duft versprühend, farbenfroh.
Und von den Höhen leicht erwärmter Dächer
fällt die Sehnsucht nach dem Anderswo,

zeitvergessen, direkt ins Aug der Träumer
am Saarufer, welche Meeresrauschen ahnen,
sich unter freiem Himmel neue Routen bahnen

im Kampf der Wellen. Wasserschäumer
ruderschlagend den Lichtgewinn verdrängen,
sich unentschlossen in Maßanzüge zwängen.

Schlossführung

Die Tore, wie von Geisterhand bewegt,
sich öffnen, gläsern, majestätisch,
die hohe Halle von der Herrschaft angeregt,
nassauischen Geschlechts. Paritätisch

Wendeltreppen, beidseitig gehegt
von Böhmscher Vision, lichtästhetisch
eingebunden, ins Stahlkorsett geprägt,
Verwaltungssitz der Gegenwart, prophetisch

Versammlungen und Ausschüsse sich winden
übers Marmor geschwung'ner Treppengänge
wie einstmals unterm Lüster der Kristallgehänge

das Schlossgespenst, das geistert in den Fluren,
nochmals den Weg Vergangenem zu spuren:
Wilhelm will Sophia wiederfinden.

Schlossplatz

Die Seitenflügel, gleich geteilt, spalierend
wie Wachen, steh'n vorm Mittelrisalit.
Respekt die Gäste zeigen, die spazierend
Pflastersteine zählen im Beritt

der Kieselsteine, während ziselierend
in der Sonne von der Brunnentraufe
Kaskaden plätschern, das laute Wasser parierend
versickert als perlende Strudelschlaufe

im Pflasterbodenbecken. Unterm Blätterdach
des Cafés strömt das Röstaroma, adelt
die Genießer des Beschauens, und ach -

ein Hund sich löst, zum Brunnen läuft, getadelt
vom Frauchen, dass er nicht als nasser Pudel
wiederkehrt und schüttelnd nässt sein Rudel.

Wilhelm Heinrichs Garten

Ach du grauer Wilhelm, Zeit gebürstet
auf dem Postament und hoch gehalten
der Gebieter über Beete. Des Alten
Bestand nach Frühling dürstet.

Kräuter und Gewürze schossen auf,
dem Sonnenlicht geneigt zu applaudieren.
Dem Gärtner Kletterpflanzen wild skandieren,
und manche Bäume streben hoch hinauf,

vertrocknet, ausgezehrt und farbenblind,
die zarte Wärme in den Stamm zu leiten,
um neue Knospen, Blüten zu entbreiten,

dass Pollen fliegen mit dem milden Wind.
Im Schlossgarten das Knistern Gäste lockt,
wenn jeder Strauch mit Blättern sich berockt.

Deutsch-Französischer Garten

Im Park gründeln Schwanenmajestäten
und Nonnengänse, sie kreisen im See.
Die gelben Boote schwanken ans Ufer, jäten
die Wasserfläche. In der Lindenallee

die Sonne schwärmt um vornehme Pudeldamen
wie Dackelherren, nicht die Nachtigall singt,
es ist die Lerche. Die Blütenpanoramen
des Gartens duften, die Wasserorgel klingt

im Takt hoher Akkorde wie Kastagnetten,
als drehte das Mittagslicht betört Pirouetten,
überhitzt, erschöpft, betäubt. Die Sommerlieder

verschenken die Melodie, die aufgeklungen,
an Bänke. Tauben haben sich ausbedungen,
auszuruhen unterm Schmetterlingsflieder.

Die Fledermaus

Besucherin: „Ich hätte gerne zwei Karten?"

Dame an der Theaterkasse: „Was hätten sie denn gerne für Karten?"

Besucherin: „Na zwei, hab ich doch gesagt."

Dame an der Theaterkasse: „Ja, das haben Sie. Aber welche Karten möchten Sie denn?"

Besucherin: „Kann man sich die denn aussuchen? Dann hätte ich gerne die gelben."

Dame an der Theaterkasse: „Wie, die gelben?"

Besucherin: „Na, die da auf dem Stapel liegen. Die sind doch alle gelb."

Dame an der Theaterkasse: „Das sind doch keine Karten, das sind Ausweise für Behindertenparkplätze."

Besucherin: „Wie, bekommt man jetzt im Theater die Behindertenausweise? Sind das die neuen Sparmaßnahmen der Landesregierung? Wurde das Theater jetzt mit dem Landesamt für Soziales zusammengelegt?"

Dame an der Theaterkasse: „Wir haben auf unseren Parkplätzen eine Zone für Personen, die gehbehindert sind, aber trotzdem keinen amtlichen Ausweis bekommen. Die bekommen so eine gelbe Berechtigungskarte."

Besucherin: „Ach so, sie machen eigene Behindertenausweise. Kann man damit auch in der Stadt auf Behindertenparklätzen parken?"

Dame an der Theaterkasse: „Natürlich nicht. Die gelten nur auf unserem Parkplatz. Inklusion, verstehen Sie? Wo möchten Sie denn nun hingehen, zur Fledermaus vielleicht?"

Besucherin: „Fledermaus, gibt es hier vielleicht auch noch eigene Stollen für nachtaktive Tiere? Gehört das auch zur Inklusion oder hat der Naturschutzbund hier eine Nebenstelle aufgemacht?"

Dame an der Theaterkasse: „Ich bitte Sie, ich meine die Operette „Die Fledermaus" von Johann Strauss."

Besucherin: „Ach, das ist eine Operette, kein Tierfilm?"

Dame an der Theaterkasse: „Kennen Sie denn den Walzerkönig Johann Strauß nicht?"

Besucherin: „Woher soll ich ihn denn kennen. Beim Seniorentanzen war er jedenfalls nicht."

Dame an der Theaterkasse: „Aber der lebt doch nicht mehr."

Besucherin: „Ja wenn er tot ist, kann er auch keinen Tierfilm mehr drehen. Haben Sie deshalb die Inklusion mit eigenen Behindertenparkplätzen verstärkt?"

Dame an der Theaterkasse: „Wie bitte? Was hat denn der Walzerkönig mit der Inklusion zu tun?"

Besucherin: „Na, der Drehschwindel, den bekommt man doch vom vielen Walzertanzen."

Dame an der Theaterkasse: „Jetzt hören Sie aber auf. Johann Strauß ist einer der bedeutendsten Komponisten des goldenen Zeitalters der Wiener Operette."

Besucherin: „Was hat er denn komponiert?"

Dame an der Theaterkasse: „Na, Rosen aus dem Süden oder den Zigeunerbaron, zum Beispiel."

Besucherin: „Das ist ja eine Diskriminierung. Zigeuner darf man doch heute gar nicht mehr sagen, das heißt heute der Romabaron. Kein Wunder, dass Sie Inklusion nötig haben und eigene Stollen bauen, um sie zu verstecken."

Dame an der Theaterkasse: „Wie verstecken?"

Besucherin: „Ja, wenn das fahrende Volk mit den ganzen Wohnwägen hier aufkreuzt, reichen die paar Behindertenparkplätze in der Stadt sicher nicht mehr aus."

Dame an der Theaterkasse: „Also, das ist ja nicht zu glauben. Kennen Sie denn das Lied *Ja das Schreiben und das Lesen ist nie mein Fall gewesen* nicht?"

Besucherin: „Ach, schreiben und lesen können die auch nicht? Sind die Karten deshalb gelb?"

Dame an der Theaterkasse: „Nein, die Karten sind nur gelb, damit sie nicht mit den Theaterkarten verwechselt werden!"

Besucherin: „Jetzt regen Sie sich mal wieder ab. Ich will ja keine gelben Karten, wir wollen doch nur ins Theater gehen. Einen Parkplatz haben wir schon. Haben Sie denn außer Tierfilmen und Analphabeten nichts zu bieten?"

Dame an der Theaterkasse: „Sie könnten auch in ein Konzert gehen."

Besucherin: „Spielt denn der André Rieu vielleicht?"

Dame an der Theaterkasse: „Der spielt doch nicht hier. Ich bitte Sie, der geht mit seinem Johann Strauss Orchester auf eigene Tourneen."

Besucherin: „Wie, ich denke, der lebt nicht mehr."

Dame an der Theaterkasse: „Tut er auch nicht. Das Orchester heißt nur so. Also, in welche Aufführung möchten Sie nun gehen?"

Besucherin: „Haben Sie denn noch etwas anderes im Programm als Tierfilme von toten Komponisten? Vielleicht eine Komödie von Willy Millowitsch? Die Pension Schöller fänd ich lustig."

Dame an der Theaterkasse: „Erstens hat Willy Millowitsch in dem Stück Pension Schöller nur mitgespielt. Er hat es nicht selbst geschrieben und außerdem sind wir ein ernsthaftes Theater und keine Boulevardkomödie. Wenn Sie lieber Lieder von Millowitsch hören wollen, gehen Sie doch in ein Dorfkonzert des Musikvereins oder zum Karneval. Hier wird jedenfalls so etwas nicht aufgeführt."

Besucherin: „Jetzt werden Sie nicht beleidigend. Kein ernst zu nehmendes Theater, Willy Millowitsch, ha, da kann ich doch nur lachen! Der hat sogar ein eigenes Denkmal in Köln. So wie Sie sich hier aufführen, kann man nur sagen, Humor ist, wenn man trotzdem lacht!"

Dame an der Theaterkasse: „Ja, in Köln ist das vielleicht so, da ist ja immer Karneval. Dort können Sie „Schnaps, das war sein letztes Wort" das ganze Jahr über singen. Aber nicht in hier Saarbrücken."

Besucherin: „Sie Kulturbanause. Sie würden wohl besser singen „Wir sind alle kleine Sünderlein" nach dem Skandal des Saarländischen Sportverbandes. Ich hab jetzt genug von diesem hehren Kulturangebot."

Dame an der Theaterkasse: „Wie bitte, Sünderlein, Sportverband? Was hat das denn mit uns zu tun? Sie sind ja eine Ignorantin der hohen Kunst. Gehen Sie doch zur Lach und Schießgesellschaft."

Besucherin: „Lachen, ja, das werde ich und von ganzem Herzen, denn lachen ist gesund. Zuerst wollen Sie mir einen Tierfilm andrehen, dann verweigern Sie mir den Behindertenausweis, dann soll ich mir einen Drehschwindel anwalzern und mir eine Operette mit Analphabeten ansehen. Wenn Strauss nicht schon tot wäre, würde er mit Millowitsch darauf einen Schnaps trinken. So viel Theater hat dieses Theater gar nicht verdient. Jetzt fahre ich nach Köln, miete mich in der Pension Schöller ein und tanze Rosen aus dem Süden mit dem Strauss Orchester von André Rieu."

Sommerschloss

Nun ringt das Schloss wie ein geworf'ner Kiesel,
der Kreise zieht, bevor er untergeht,
mit praller Glut, da im Zenit hochsteht
die Sonne, die feuert wie ein alter Diesel

auf's Fensterglas, durch welches Lichtgeriesel
unablässig Hitze brennt. Es fleht,
das Strahlwerk abzustellen, bevor vergeht
der Tag. Aber der Regen nicht mal Niesel

schickt, die heiße Mittagsluft zu kühlen
mit einem Wolkenheer, das Wind getrieben,
am Schattenpendel zieht mit Böenhieben,

Gewitterdonner, um Sturmsinn aufzuwühlen,
der endet dieses Sengen mit kalten Kräften,
das Leben aufzuwecken mit feuchten Säften.

Königswetter

An dem Tag
als die Morgentemperatur Frösteln auslöste,
als das Himmelblau im Sonnenlicht aufging,
als die Blätter von den Bäumen taumelten
und im Rinnstein tanzten,
als die Wetterprognose der Meteorologen
die nahende Kaltfront vermeldete,
als der Schlossplatz abgesperrt wurde,
als viele Kollegen Herbsturlaub nahmen,
als die Flure abgesperrt wurden und leer blieben,
als die Bediensteten aus den Fenstern schauten,
als die Wartenden orangefarbene Fähnchen schwenkten,

an diesem Tag in Saarbrücken
rollte die goldene Kutsche vor,
defillierten Seine Majestät
König Willem-Alexander, König der Niederlande
und Königin Máxima, Prinzessin der Niederlande
über den Pflasterteppich zum Saarbrücker Schloss,
stand Fürst Wilhelm Heinrich von Nassau-Saarbrücken
und seine Frau Fürstin Sophie Erdmuthe
im Bilderrahmen des Festsaals Spalier,

an diesem Tag
im Saarbrücker Schloss,
telefonierte ich unablässig,
verhandelte, klärte, organisierte ich,
an diesem Tag,
als am Spätnachmittag
ich vor Hunger dänische Butterplätzchen aß
und eine Flasche Mineralwasser trank,
an diesem Oktobertag wärmte mich
das verbliebene Sonnenlicht,
das mein Büro in helles Gelb tauchte,
sog ich die Wärme für die dunkleren Tage ein,
wie eine Ertrinkende im Saarspektakel.

72

Nach dem Sturm

Pfützen mäandern zwischen Pflastersteinen,
im untergehenden Licht verlieren Tische Gesichter.
Ein Spatz trinkt aus dem letzten Glas.
unter den Überständen landen Tauben.

Passanten parlieren, telefonieren,
das Murmeln durchdringt die Stille nach dem Sturm
wie das Martinshorn in Notlagen.

Ein Straßenmusikant flötet Hymnen ins Licht,
zwischen den Arkaden jauchzt ein Kind,
der Vater fährt Slalom mit dem Kinderwagen.

Die Karawane der Touristen setzt sich in Gang,
allen voran der Stadtführer,
welcher die Geschichten der Schlossmauer aufblättert
wie die Hoffnung neuer Erkenntnis.

Herbstfieber

Die Stadt trägt schwer am Blättern ihrer Bäume,
die ausgezehrt im Feuerrot verglühn.
Im strengen Wind zerstoben Fieberträume,
wenn auch die Amsel weiterschaukelt kühn

im Karussell der Äste. Die Wolken brettern
im Schnelldurchgang voran. Was wird sich mühn,
Schritt zu halten mit den rauen Wettern,
wenn nur noch Herbstzeitlose in den Gärten blühn?

Aber im Fluss die Schwäne treiben lautlos
durch Wind und Kälte, als wären Jahreszeiten
bloß Erfindung, Flunkerei des Kosmos,

den tagesfrühen, blinden Dunkelheiten
Bedeutung zu verleihen, die sich ausdrückt
in Gewittern, der Lebenslust entrückt.

Schadensfall

Ungeordnet vom Donner
das Netz der Spinne im Strauch.
Die Hornisse stürzt,
verschleiert, verklebt, auf den Bauch.

Sie windet sich, sticht ihr Gift
in den regenweichen Boden,
trifft den Hirschhornkäfer
auf den schwarzen Panzer,
der darunter krabbelt.

„Bist du ein Lanzer",
ruft er ihr nach,
„oder ein kämpfender Schläfer?
Der Urwald eignet sich nicht
zum Kriegserklären",
und wischt ab sich die Zähren.

Während er zappelt
betrachtet die Spinne das Kräftemessen,
webt ein glitzerndes Dach.

Die Hornisse reinigt vergessen
im feuchten Bach des Sturms
die Flügel erpicht,
fliegt auf aus dem Bann
ins Sonnenlicht.
Arachne strafft ihr Gespann.

Saarbrücker Urwald

Der fliegende Holländer

Frau Fährmann hatte sich zum Saarspektakel in Saarbrücken im Hotel Excelsior einquartiert und wollte eine Karte für „den fliegenden Holländer" im Saarländischen Staatstheater. Um die Karte zu reservieren, ruft sie den Portier an.

„Hallo, ist dort der Portier? Hier ist Frau Fährmann."

Am anderen Ende meldet sich der Aushilfskellner Giovanni Calabrese: „Buon giorno, hier Giovanni Calabrese am Apparat!"

„Ich möchte gerne in die Oper gehen. Reservieren Sie mir doch bitte eine Karte für das Parkett im fliegenden Holländer. Am besten in der Mitte."

„Bitte warten, ich mussen nachschauen."
Giovanni blättert in der Speisekarte, da er den fliegenden Holländer für ein Gericht hält: „Es tun mir leid. Wir keine fliegenden Holländer haben, impossibile, nur Fisch, nixe Flugzeuge in Bauch. Iste Saarbrucker Saarspektakel. Bitte Sie versuchen nach Sommer!" Er legt auf.

Frau Fährmann wählt neu: „Hier ist noch einmal Frau Fährmann! Ich brauche eine Karte für die Oper! Verstehen Sie mich?"

„Oh, sie rufen extra an wegen Fliegen? Ich sie gut verstehn. Alle Fliegen landen in Oper wie lustige Witwe. Das tun mir sehr leid, scusi, aber iste Fliegen wirklich nix gut für Fischsuppe."

„Nein, ich will keine Fliegen in der Suppe und will auch nicht in die lustige Witwe! Verstehen Sie, ich möchte lediglich, dass Sie mir für den fliegenden Holländer eine Karte reservieren!"

„Sehr wohl, grande Signora, Sie reserviert für Fliegen. Aber hier ist nichte Flughafen, hier iste Saarbrucken, Fährefrau, iste molto bene, weißes Stadt, Saarschiffahrt, alles Drachenboot, Spektakel, wie Meer in Holland, äh, äh mir fahre mite Schiffche auf Saar, nicht auf Eiselmeer, hier viele Kähne, nixe Flugschau, Frau Kapitän."

Frau Fährmann beginnt sich zu ärgern: „Das meinen Sie doch nicht wirklich? Ich weiß, dass es in Saarbrücken keine Flugschau gibt. Wir sind ja nicht in Ramstein. Wir haben hier ein Drachenbootrennen."

„Sie Drachenboot gebucht? Viele schöne Kähne, grande Signora! Großes Trommel, molto bene, mit großes Tamtam, schwimmen alle kieloben."

Jetzt regt sich Frau Fährmann auf: „Ja, Sie werden auch gleich kielgeholt, Sie Leichtmatrose. Auch ohne Wagner."

„Oh, gnädige Frau, iste Pizza nicht gut genug? Iste unglucklich mit Pizza gustosa? Aber unsere Speisekarte iste imma belissima, fantastico, nixe Wagner-Pizza, nur kunstlich, schmecken schlecht wie Kanal. Alles Ahoi, Frau Kapitän."

Frau Fährmann versucht sich zu beruhigen und sagt: „Es ist alles in Ordnung mit der Speisekarte, ja, ja, aber ich möchte gern in die Wagner-Oper gehen und keine Wagnerpizza essen. Außerdem heißt das „Käptn ahoi", auch wenn nur Matrosen an Bord sind."

„Oh, Captain Cook, nixe Fährmann? Iste Canta nova, Andrea Bocelli." *Giovanni fängt an zu singen:* „Con te partiro. Su navi per mari che, io lo so. No, no, non esistono più, con te io li vivrò."

„Sollen ich Fallschirm holen lassen für Flughafen? Iste schlechte Wetter morgen, Orkan, nix Canta nova, alles Ahoi, Fährefrau, Sie mussen fahre mite Schiffche bis Eiselmeer, gnädige Frau, wie fliegende Holländer."

Frau Fährmann wird laut: „Ich fliege doch nicht! Die Oper ist nicht abgesetzt. Und ich bin auch kein fliegender Holländer".

„Bene, sehr wohl, wie Sie meinen, ich verstehe, nix gut heute, Orkan machen alle verruckt. Gute Flugnacht Fährefrau." Giovanni legt wieder auf.

Frau Fährmann sucht vor Schreck in der Minibar nach Getränken und nimmt den Cognac, dann wählt sie neu: „Hier ist noch einmal Fährmann. Ach bitte, reservieren Sie mir für den fliegenden Holländer aber bitte nur eine Karte in der Mitte des Parketts."

„Scusi, uno Momento." Herr Calabree blättert wieder in der Speisekarte. „Iste leider keine Fliegengericht, nur Fisch oder Suppe mit Fisch, Saarbrucker Saarspektakel, keine Flugschau."

Frau Fährmann glaubt, sich verwählt zu haben und fragt nach: „Spreche ich mit der Rezeption? Ich habe eben schon angerufen. Ich möchte weder eine Fischsuppe noch eine Flugkarte reservieren, ich will in die Oper, Parkettmitte."

„Hier iste wieder Giovanni, gnädige Frau. Ah, gut dass jemand will sitzen in Mitte von Lokal." Er legt den Hörer beiseite und blättert weiter. „Signora, iste leider nicht in Saarbrucken, nur in Eiselmeer."

Frau Fährmann wird jetzt sehr ärgerlich: „Das ist doch nicht möglich. Ich möchte in den fliegenden Holländer und nicht nach Holland fliegen."

„Verstehe. Sie wollen nicht fliegen nach Holland, Angst vor Unglück, vielleicht lieber anderes Land?"

Frau Fährmann empört sich: „Das ist doch nicht zu glauben. Jetzt passen Sie mal auf, noch einmal alles von vorne. Ich, Frau Fährmann, und ich bin auch kein Kapitän, möchte am Samstag in die Wagneroper „Der fliegende Holländer" und nicht nach Holland fliegen. Außerdem sind Sie nicht Bocelli, Sie Cantanovasänger, Sie!"

Jetzt ist Giovanni Calabrese gekränkt. „Olala, ich nixe Bocelli, aber Sie auch nichte Fischerchor, Sie Stimme rau wie Hafenarbeiter voll mit Grog. Also wollen reservieren für Wagner, nichte Fischfang, gnä Frau?"

Frau Fährmann beruhigt sich: „Genau."

„Gut. Dann ich mussen nachschauen." Er blättert wieder in der Speisekarte. „Signora, mite in Parkett?"

„Ganz genau."

„Sie Gluck haben, Signora! Ich habe Samstagmorgen Platz mitte in Lokal! Sie singen können Rolling home, gnädige Frau."

Frau Fährmann atmet auf: „Na, endlich! Das hat ja lange gedauert."

„Speisekarte iste morgen neu, alles Pizza!"

Spätherbst im Saarbrücker Forst

Die gelben Blätter sind erstarrt,
der Sturmwind bläst auf kalten Harfen
durch das Geäst der Eichen. An scharfen
gezackten Blätterresten verharrt

der Nebeltau. Ein Pelztier scharrt
im Unterholz der Lärchen. Sie warfen
die Nadeln ab, bedecken Larven
und geben Schutz vor dem Start

der Winterzeit. Im feuchten Dunst
erspäht ein Habicht Haselmäuse,
auf Suche nach dem Schlafgehäuse.

Er stürzt hinab mit Jägers Kunst
und fliegt die Beute in den Horst
des Habitats Saarbrücker Forst.

Nebelung

Die blaue Kälte weilt auf den Chausseen,
verstößt den trüben Dampf aus Himmels Nüstern
wie bleiche Geister. Inmitten dieses düstern
Vernebelns ringt der Tag um Auferstehen.

Die nackten Bäume betteln in Alleen
um etwas mildes Licht sonnenlüstern,
sie harren voll Erwartungen dem Flüstern
der Krähentrupps im Kahlgeäst der Schlehen.

Und Schilder, ausgewaschen, auf den Brachen
noch Wege weisen in einsame Leeren.
Auf Pfaden bleiben zurück die Lachen

des Schneefalls, darin entkräftet Vögel sich trimmen,
bevor sie untergehn. Sie fischten nach Beeren
der Ebereschen, Leben und Tod verschwimmen.

Wintermorgen am Staden

Am Staden raunt die Saar, verdampft Gespenster
und Bänke ducken sich in Strauchverstecken,
wo Hagebutten kugeln aus den Hecken.
Der Himmel öffnet kleine Wolkenfenster,

aus welchen Raureif rieselt, fällt. Längs der
verlassnen Ufer Enten Köpfe recken,
bevor sie schlingern durchs kalte Wasserbecken,
die Bahnen engen Frostflächen begrenzter.

Das Eiskristall aus hohen Fronten fiel,
das unaufhörlich klirrt wie Harfenspiel.
Es betet Silberglanz in Winterkatechismen

die frohe Botschaft. Weiß schimmern die Prismen,
erhellen Bilder, Wege aus der Nacht,
bis alles Dunkle ans Tageslicht gebracht.

Im Schatten der Lemuren

„Das ist das Angenehme auf Reisen, dass auch das Gewöhnliche durch Neuheit und Überraschung das Ansehen eines Abenteuers gewinnt."
Johann Wolfgang von Goethe

Reisefieber

Wo willst du hin, wenn Reisefieber dich packt?
Wo ist das Land, das die Brötchen richtig für dich backt?
Hast du geträumt, du würdest gerne fliegen,
hoch über allen Wolken, Gewitter und Stürme besiegen?

Oder fährst du lieber mit der Dampf-Eisenbahn?
Vornehmlich im Orient-Express mit Schlafwagen dran?
Vielleicht wanderst du lieber auf grünen Bergeshöhn,
hohen Plateaus im gipfelfrischen Föhn?

Oder nimmst du doch lieber einen Reisebus?
Da stockt der Traum und mit den Reisen ist Schluss.
Du liegst ganz wach, schlägst deine Augen blinzelnd auf,
braust durch den Stadtverkehr, sperrst die Bürotür auf.

Du wärst so gern einmal nach Feuerland geflogen,
hättest den Urlaub alles Anderem vorgezogen.
Jetzt sitzt du da, starrst den Computer launig an.
denkst dir, bald reist auch du, fragt sich nur, wann?

Wir machen eine Reise.

Komm mit uns, wir machen eine Reise.
Komm mit uns, das Herz wird leicht.
Komm mit uns, wir machen eine Reise,
Erinnerung die Hand dir reicht.

Das Gepäck steht schon bereit am Bahnsteig.
Alle Karten sind bezahlt.
Wie ein Kind, so sehnsuchtsvoll am Gehsteig,
warten wir auf freie Fahrt.

Singen, tanzen und von Herzen lachen,
lasst den Himmel sich entfachen,
dreht die Zeit zurück, die alte Zeit,
sie ist bereit.

Wenn du denkst, das Herz bleibt immer weise,
geh hinaus, die Welt wird dein.
Komm mit uns, wir machen eine Reise.
Lass die Sorgen Sorgen sein.

Zu singen auf die Melodie „Sentimental Journey"
Musik: Les Brown, Ben Homer, 1944. Originaltext: Bud Green

Im Schatten der Lemuren

Die Karawane der Züge
rollt durch Berg und Tal.
Die Stadt ist schwer,
die Stadt ist leer,
und du läufst ständig hinterher
den Zeigern deiner Uhren.

Das quietschende Eisen, die Gleise
stellen sich wieder um,
Waggons angekuppelt,
der Triebwagen ruppelt,
die Zeit an deinen Kleidern zuppelt,
verlassen stehst du auf den Fluren.

Die Räder pfauchen und zischen
in Fahrtrichtung laut voran.
Die Ansage dröhnt,
das Warten verpönt,
die Reisezeit von der Bahn geschönt,
lässt hinter dir alle Spuren.

Einsteigen und Aussteigen wechselt,
du weißt nicht mehr, wo du bist.
Der Zug hält an,
die Zeit verrann,
du folgst deinen Wegen auf dem Spann
im Schatten der Lemuren.

Die Hinweisschilder der Straßen
stehen kreuz und quer.
Du weißt nicht wohin,
bist doch mittendrin.
Die Züge fahren weiter dahin,
wohin sie immer schon fuhren.

Im Intercity-Express

1
Der Zug rollt in den Tag
mit dem Licht wachsen
die Spiegelungen im Fenster
die Schatten aufgescheucht
lagern an den Rändern
zwischen Einschlafen und Aufwachen
eingeschlossen im Abteil
brennt der Feuerball morgens
ein Loch ins Dunkel

2
Dämmerung zieht vorüber
die Durchlässigkeit begrenzt
von den Bergen des Traumverlusts

Dann aber ein sichtbares Blau
lichtgetupft von Straßenlaternen
die Bilder der Dörfer

quietschende Eisenklänge
Schienenreibung Gleisübertritt
Umschaltungen mit denen du ruckelst
aufgerüttelt von der Wahl neuer Wege

3
Die Bahnhöfe sind voll
laut gewordene Geschäftigkeit
der Reisenden schweigt vor sich hin

ungestellte Fragen in den Gesichtern
ungewiss des Kommenden
an den Stellschrauben der Züge
bleiben die Uhren stehen

Einstieg und Ausstieg
durch die gleichen Türen
du siehst in die Ferne
vollendest die Gedanken
in den Schranken möglicher Störungen

Aber die Vögel
fliegen darüber hinweg

4
Im Kopfbahnhof verdichten sich
die Richtungen ein Triebwagen gestört
auf Umwegen ausgetauscht
Landschaft im Stillstand
Verspätung mit Aussicht

in den Wiesen schwärzt sich das Röhricht
vom Zuruf des Windes in den Blätterwirbeln
Tiefnebel schleicht zwischen Haltepunkten

wenn der Zug die Fahrt wieder aufnimmt
hat sich die Richtung geändert
verlorene Zeit wird aufgeholt
Höchstgeschwindigkeit
reißt die Hügel aus den Tälern
wie wildgewordene Rennpferde

5
Durch den Tunnel gezogen der Vormittag
Luft blubbert in den Röhren
zwischen vorbeifliegenden Zügen
Tempo das auf die Ohren drückt

Fahrgäste lenken sich mit Laptops ab
verhandeln das Wettrennen der Wirtschaft
Vertröstungen Entlassungen Bedauern

im Fensterausschnitt leere Vogelnester
verhakte Verlassenheit im Kahlgeäst
Mispeln haben sich eingewildert
weiße Blasen Schaumstoff
der Wünsche und Hoffnungen

Wintersturm über Edinburgh

Dunkelgrau reiben Wolkentürme
sich an den Tragflächen des Flugzeugs
das im Gegenwind sich durch Luftschichten zwängt

immer wieder sackt die Maschine durch Löcher
wankt nach links wankt nach rechts
um die Fluglinie langsam wieder auszubalancieren

im Sturmtief über Edinburgh
versucht der Pilot das Holpern der Maschine zu erklären
die an Fenstern sitzen greifen nach Tüten und beten

endlich taucht im Sinkflug die Landebahn auf
in dem von Böen durchwirbelten Airport
weisen Lichtfeuer die Richtung aus

die Windfront reißt über die Gangway
rüttelt am Rumpf und dem Treppengeländer
an dem Aussteigende Halt suchen

blass blicken die Fluggäste
ringen sich zur Gepäckausgabe durch
die sich verzögert und mit der Durchsage endet
dass sämtliche Flüge und Landungen
ab sofort gestrichen sind

Im Pub

Im Pub gärt der Whisky,
durch die Luft, Rauch getrübt,
winken Gäste dem Barkeeper zu.

Eine Runde Bier, a pint of heavy,
verlässt den Ausschankplatz.
„Slàinte mhath" prosten die Gäste sich zu.

Lautes Plaudern der Stammkunden,
jemand zwängt sich durch die Enge,
ruft „Halò a huile duine."

Generationen von Familien
bevölkern die Gaststätte,
soupieren und diskutieren.

„Alas my love you do me wrong"
stimmen die Stammgäste an,
jemand packt die Fidel aus.

„Last orders" ertönt es von der Bar.
Gäste bestellen den letzten Drink und singen
„Should auld acquaintance be forgot"

In den Wohnungen
endet die Nacht.

Edinburgh

1
Ein Riesenrad dreht
sich langsam im Schneegriesel.
Schneemänner grüßen.

2
Dudelsackspieler
aufgereiht im Schottenrock.
Kinder klatschen laut.

3
Nikolausgarden
bevölkern die Prinzessstreet.
Die Pfeifen rufen.

4
Das Schwarz der Steine
von Eisengittern umzäunt.
Stahlseile rattern.

Sturmflug

Die Luft klopft ans Fenster.
Im kleinen Rechteck aus Glas,
die dunkelgrauen Wolkenberge
fliegen wie Nachtgespenster
eilend an uns vorbei.

Sie reißen am Flügel,
ruckeln am Rumpf.
Ich versinke im Sitz
und klemme mich ein im Bügel.

Welcher Sturm bricht herein,
so unbeugsam, gewaltig das Dunkel.
Für solch ein Inferno schlägt die Hoffnung
an die Zinnen der Vernunft im Ausgeliefertsein.

Wer liest in den ungestillten Wünschen des Lebens
und folgt der Spur Flug durch die Nacht,
holprig, höllisch, Raum füllend,
alles Bangen ohne Aufhebens.

Steigt aus dem eisernen Kranich ein Entsagen
beim Öffnen der äußeren Hülle,
du schweigst, von Vorsätzen getroffen
und böigen Mülleimerparaden.

Dem folgt Verlust auf seinen Wegen
wenn auf Antworten Fragen bleiben,
Verunsicherung, die an scheinbar Festem rüttelt
und im Inneren sich unentwegt Ängste regen.

Grußformel

Frauen ohne Schleier
verbeugen sich vor ihrem Gott.

Der Fächer des Flusses
fasert ins Meer.

Nebenan
wachsen die Häuser weiter
ins Land.

Von den Höhen der Hügel
schickt das Licht
Grußformeln.

Frischer Wind versiegt
in den Fenstern
diesseits und jenseits
der Grenzen.

Tagesanbruch

Mein Tempel ist leer.
Nacht schöpfte die Hitze ab.
Das Träumen endete
mit dem Morgenrot.

Ein Muli schreit
sich das Grau von den Augen.

Die Sonne sticht ihre Strahlen
in die Haut des Morgens.

In unauffälligen Bauten
legt der Tag Zeugnis ab.

Gelassen der Atem des Nils
vor dem Auftauchen
der Krokodile.

Die Säulenhalle

Schritte hallen im Säulengeviert,
Allherrscher verbergen sich
in den Heiligtümern der Tempel.

Im Mosaik der Inschriften
beben Felstauben, blättert ihr Gefieder
Sandstaub aus dem Gestein,
golden und silbern verglimmend
in den Insignien der Sonne.

Ausgrabungen entzifferten
auf dem Schutthaufen der Sortierungen
die Hintergründe der Blöcke und Mauern.

Aus dem Kolorit der Erinnerung
äugen verborgene Dynastien.

Steinuhr

Wo die Grate der Tempel
in den Himmel treffen,
endet der Blick.

Die Schwere des Sandsteins
fällt auf die Erde zurück.

Auf das Gesims der Stufen
hämmert der Wind
seine Böen.

Abgelegte Schleier
blenden im Licht.

Die zerstäubte Zeit
wird sichtbar.

Zwischen steinernen Tatzen

Steinallee abblätternd,
seelenlos, ausgebleicht.
Staubbrisen im Aufwind
verwehen die verblassten Zeitpartikel
in die Vigilien des verlorenen Himmels.

Aus den Kehlen der Löwenköpfe
singt der helllichte Tag,
festgehalten zwischen Tatzen aus Stein.

Schweißperlen
der Tempelbauer nieseln
über den Opferweg.

Nilschwemme

Der Nil führt keinen Priel,
das wär ihm viel zu viel,
er rauscht schon kilometerweit
und macht sich in Ägypten breit,
für Flusspferde sind außerdem
die kleinen Priele unbequem.

Doch flieht einmal ein Landwurm
aus Angst vor einem Sandsturm
in seine Böschung unbedacht,
weil das ihn unangreifbar macht,
dann überschwemmt der Nil
mit seinem Wellenspiel
die Uferzonen mit Gebraus
dass schwimmt darin die Wüstenmaus.

Und führt der Nil den großen Priel
wird er auch Flusspferds Ziel.

Heilige Steine

Die heiligen Steine Jerusalems,
wer trug sie auf den Schultern oder im Herzen?
Gebeine aller Heiligen unter blutrotem Felsengrab.

Die Klagemauer sammelt die Bitten der Flehenden,
stützt versunkene Gebete ab wie Jahrtausende
voller Gewalt, Krieg, Flucht und Vertreibung.

Am Sabbat vielstimmiger Chor der heiligen Stätten:
Kantorengesang aus Synagogen,
Muezzinrufe von Minaretten,
Glockengeläute der Kirchen.

Abrahams Kinder pilgern, atmen Weihrauch,
handeln weiter um das beste Gottesangebot.
Wer kennt das Gebot der Nächstenliebe?

Jerusalem

Weiße Steine pflastern alle Wege,
trennen, teilen Jerusalem
wie ein Apfelspalter.

Mühsamer Weg in die Höhe;
kein Baum der Erkenntnis
von dem zu speisen wär.

Über der goldenen Menora
thront die goldene Kuppel,
darunter römische Kapitelsäulen.

Vor der Klagemauer der Frauen
wachen Angehörige der Orden
über die Einhaltung ritueller Verhaltensregeln.
Die Mütter Theresas bekreuzigen sich.

Verschleierte klammern sich an die Ritzen der Wand,
religiöse und unreligiöse Menschen lehnen sich
mit ausgebreiteten Armen an die Mauer
für die Öffnung der göttlichen Begegnung.

Wortflammen züngeln
vor den Augen Schweigender.
Der Rückzug vorsichtigen Schritts
ohne Smartphones und Tablets,
rückwärtsgewand.

Klagemauer

Diese fedrigen scharfkantigen
Wedel der Palmen.
Stehmücken verteidigen
die grünen Schwerter.
Die Mauern heiliger Stätten
bekämpfen sich immer noch.

Das Gemurmel Gottesgläubiger
versiegt in grauen Ritzen.
Unter den Tempeln
modert Kälte.

Sie und die Hitze des Tages
verbreiten nichts als Gewitter.

Schuld und Sühne

Welche Hoffnung könntest Du
heute noch haben
nach Jahrtausenden
der Schmach und des Verrats?

Welche Schuld nach all den
Kämpfen kannst Du verzeihen?

Für uns, Herr und Gott, büßen
die Seelen, gefangen
im Licht des Staubs,
aus dem Du uns geformt,
wieder und wieder.

Sie können sich nicht lösen
für die Ewigkeit.
Sie flüstern aus dem Grund
aufgetürmter Steine
und schweigen laut.

Nur das Gestammel
Suchender nach Verstehen
übertönt die Stimmen.

Die Hitze klirrt in den Felsen
vor Sehnsucht.

Erscheinungen

Die Zeichen der Hoffnung,
hochgehalten
in schmalen Gassen
zwischen Ständen.

Maria auf der Ikone
mit dem Jesuskind im Arm.
Plötzlich leuchtet
die goldene Ummantelung
des Schreins,
als hätte der Menschgewordene
seinen Geist unters Volk gemischt.

Maria hält den Knaben ins Licht,
als wollte sie das Herz der Liebe
an Vorbeipilgernde weiterreichen.

Die verloren geglaubte Zeit
versöhnt die Berührten
mit schweigender Hingabe.

Grabeskirche

Innehalten
vor dem Bogen der Inschrift,
den gemeißelten Schriftzeichen,
den Treppenabgängen
des Kirchengemäuers.

Zuhören
in der Stille des Lärms aller Verrohung
menschlichen Geistes und Weiterhoffen.

Einatmen
die Beschwörung der Litaneien,
den Weihrauch geistlicher Gebete,
die Berührung verlorener Seelen.

Nicht fertig werden
mit den Schatten der Tempel,
dem Schreien Hingerichteter
im Anblick der Grabstätte des Herrn.

Aufstehen
mit zerbrochenen Knien entkalkter Knochen,
der splitternden Nacktheit des Glaubens.

Allein seine Nähe erlöst
von weitergegebener Schuld.

Fahrt nach Tel Aviv

Diese unfertigen Häuser
verbunden mit Wäscheleinen,
aufblühende Rosensträucher und Oleanderbüsche.
Dazwischen Bananenstauden,
Tomatenstöcke, Karottenbeete.

Drüben die schmucken Behausungen
gekalkter Wände, terrassenverbunden,
rauschende Ölbaume und Bienenstöcke.

Dazwischen die Autobahnen,
versunken im nackten Felsen
versteinerter Fronten,
durchlöchert
und einfahren
in die Hauptstadt Israels.

Eingefangen die wortlosen Dämonen
hinter gespannten Maschinengewehren,
prüfenden Blicken der Soldatinnen,
bohrenden Fragen der Kontrolleure.

Leben mit der Angst des Augenblicks,
der Flüchtigkeit der Zeit.
Ankommen ungewiss.
Eine Stimme, sprachverzweigt,
über allen Himmeln,
spricht aus Abrahams Schoß.

Strandhotel in Nahsholim

Gestrandet auf gelben Stühlen
im feinkörnigen Sand der Karmelküste.
Aufspringende Wellen
im rollenden Gleichklang
versprühen über Felskuppen Gischt wie Möwen.

Nebelkrähen stolzieren umher,
säubern den Randstreifen
von Würmern und Insekten.
Ein Salamander, schwarzgepanzert, kriecht
unter kahlgespülten, aufragenden Steintafeln hervor.

Vor den Hotelzimmern brennen
Kugellampen im Gras.
Mädchen und Jungen spielen Fußball.
Hebräische Rufe der Mütter
verklingen in der Dämmerung.
Rahel segnet ihre Kinder.

Getrennte Restaurants für Bewohner und Gäste,
Schalen für Waschungen, koschere Küche
und Touristenmensa.

Alles wirkt friedlich miteinander
im Nebeneinander.
Am Horizont schweift der Mond
inmitten silbriger Sterne.

Abschied

In den Schächten der Worte
bleibt die Erinnerung haften.
Du hast die Muschel ans Ohr gehalten,
um den Atem des Meeres zu spüren.

Der Zuruf der Urgewalt
weiß nichts von Verhältnismäßigkeiten.

Elemente immerwährender Wiederholung
in den sich verändernden Abläufen
deiner Jahreszeiten.

Saatgut geworfen
in die Minuten des Reifenden
aufgeht im Grund.

Wer glaubt, dass das Ende naht?
Abschied und Anfang im Rhythmus
der Ewigkeit.

Durch Jahr und Tag

„Wir müssen nicht glauben, dass alle Wunder der Natur nur in anderen Ländern und Weltteilen seien. Sie sind überall. Aber diejenigen, die uns umgeben, achten wir nicht, weil wir sie von Kindheit an, täglich sehen."
Johann Peter Hebel (1760-1826)

Rosenstolz

Niemandes Seelenplatz zu sein
sticht der Dornbusch
lockt verführt verspricht

wirft mit Duftwolken um sich
spinnt Hauch für Hauch
Liebesnetze

weiß sich nicht zu beugen
der Schwerkraft des Herzens

nur Betörung und Stolz
Rosenholz

Wie viel Dornen
trägt der Mond
wie viel Schatten
wirft die Sonne
wie viel Schwermut
die Liebe

und doch blühen Rosen
in unschuldiger Zartheit

Wildrosen

Wildrosen waren es
die niemandes Nachsicht
ertragen wollten
gegenwärtiges Lächeln
ausgelöscht Stich für Stich

sie verweigern
Falten auszubügeln
Gräben zu überspringen
Dornen weichzuspülen

und doch betören sie
Hauch für Hauch
Blüte für Blüte

die hundertblättrigen
tausendjährigen
Blumen der Liebe

Lavendel strauchelt
windgetrieben um Rosen
Blattläuse fliehen

Nach dem Regenfall
richtet sich die Rose auf
Bienenparadies

Rosen Wolken Luft
Regentropfen perlen ab
Duft in den Augen

Aufgeblüht ranken
Wildrosen um Rundbögen
Versteck der Bänke

Die Vogeluhr

Das Nebeldickicht, blassgrau, über Eichen
tröpfelt und nässt wie ausgeleerte Flaschen,
die umgekippt hängen aus Wolkentaschen,
die letzten Reste aus den Hälsen streichen.

Welch zögerliches Tagen, wenn Trübes weichen
muss, Nachtblaues hellt, im Gelb verwaschen,
den Dunst wie ausgeleierte Gamaschen
herunterstülpt, Wolken über Dächer schleichen

wie Asche ausgelöschter Feuer. Befangen
die Vogeluhr sich dreht, beginnt zu pfeifen,
am Horizont die Strahlen zur Orange reifen.

Amsel und Elster Dämm'rung abverlangen,
die Töne werden lauter, ungezügelt,
das Tickern schrillt, vom ersten Licht beflügelt.

Der Rohrbruch

Wachtmeister Meyer sitzt mit einem Hawaihemd und Blumengirlande in der Notrufzentrale und blättert in einem Reiseprospekt. Es klingelt.

Wachtmeister: „Hallo, hier spricht Wachtmeister Meyer. Was kann ich für Sie tun?

Anrufer: „Ich möchte einen Rohrbruch melden!"

Wachtmeister: „Einen Rohrbruch? Wo soll der denn sein?"

Anrufer: „Das weiß ich nicht."

Wachtmeister: „Ja wenn Sie das nicht wissen, können wir auch nicht kommen."

Anrufer: „Aber es tropft doch schon durch die Decke!"

Wachtmeister: „Durch welche Decke? Liegen Sie etwa auf dem Sofa und haben zu viel getrunken?"

Anrufer: „Nein, ich stehe im Bad und versuche, das Wasser aufzufangen."

Wachtmeister: „Ja was sagt denn da Ihre Frau dazu? Wenn Sie müssen, müssen Sie gut zielen oder Sie müssen sich hinsetzen, dann tröpfelt es auch nicht."

Anrufer: „Aber es ist doch nicht mein Wasser, ich muss doch gar nicht. Das Wasser kommt von oben, wissen Sie, von oben!"

Wachtmeister: „Von oben, aber es regnet doch gar nicht. Wir haben Sommer oder ist etwa die Sprinkleranlage angegangen, weil Sie geraucht haben?"

Anrufer: „Sie sind wohl nicht ganz bei Sinnen. Haben Sie zu viel gelöscht?"

Wachtmeister: „Ich muss doch sehr bitten. Wir löschen nur, wenn wir einen Brand haben, weil es so heiß wie heute ist.

Anrufer: „Ist ja auch egal, ob Sie meinen oder Ihren Brand löschen. Sie müssen jedenfalls herkommen und den Rohrbruch zu stoppen, sonst steht hier bald alles unter Wasser."

Wachtmeister: „Können Sie schwimmen?"

Anrufer: „Warum fragen Sie mich, ob ich schwimmen kann?"

Wachtmeister: „Ja weil bei Ihnen bald alles unter Wasser steht."

Anrufer: „Ich kann schwimmen, aber darum geht es doch gar nicht. Sie sollen den Rohrbruch stoppen."

Wachtmeister: „Für den Rohrbruch sind wir nicht zuständig. Da müssen Sie einen Installateur suchen. Wir sind die Feuerwehr, wir kommen erst, wenn alles unter Wasser steht."

Anrufer: „Was, was? Das ist doch die Notrufzentrale oder nicht. Und das ist ein Notfall. Also kommen Sie jetzt oder nicht?"

Wachtmeister: „Haben Sie nicht zugehört oder sind Sie schon untergegangen. Wir kommen nicht bei Rohrbrüchen. Dann wären wir ja ständig unterwegs bei dem Zustand unserer Leitungen. Wenn wir kommen sollen, drehen Sie den Wasserhahn ganz auf, damit es schneller vollläuft. Dann können wir abpumpen kommen."

Anrufer: „Das ist doch nicht ihr Ernst? Ich werde mich bei Ihrem Vorgesetzten beschweren und Ihnen die Rechnung für den Installateur schicken und das ganze Malheur, das Sie verursachen, weil Sie nicht kommen wollen."

Wachtmeister: „Erstens ist das nicht der Ernst, sondern Hauptwachtmeister August. Und der ist in Urlaub gefahren nach Hawai. Der macht dort gerade einen Tauchlehrgang, um untergegangene Leute wie Sie zu retten."

Anrufer: „Aber ich bin doch gar nicht untergegangen. Das ist doch nicht zu fassen. Das ist unterlassene Hilfeleistung."

Wachtmeister: „Wenn Sie schwimmen können, können Sie sich selbst retten, also ist das auch keine unterlassene Hilfeleistung."

Anrufer: „Das Wasser steht mir gleich bis zum Hals, Herrgott noch einmal. Gleich platzt mir der Kragen."

Wachtmeister: „Wenn Sie noch länger warten, kann der Installateur auch nicht mehr helfen. Oder hat der auch einen Tauchlehrgang gemacht wie mein Vorgesetzter Hauptwachtmeister August, vielleicht um Rohre im Tauchgang reparieren zu können?"

Anrufer: „Wie kommen Sie denn jetzt darauf. Wir sind doch nicht in Venedig."

Wachtmeister: „Sie haben doch mit dem Tauchen angefangen. Also sind Sie jetzt voll oder nicht?"

Anrufer: „Nicht ich bin voll, sondern der Eimer! Es regnet immer noch aus der Decke."

Wachtmeister: „Jetzt müssen Sie sich aber mal entscheiden, was Sie wollen. Sie blockieren sonst die Notrufzentrale."

Anrufer: „Ich habe bald keine Eimer mehr!"

Wachtmeister: „Ja hören Sie mal, zuerst lassen Sie ihr Wasser im Stehen in die Kloschüssel ab und zielen daneben, dann spritzt der Deckensprinkler von oben, dann wollen Sie tauchen und jetzt gehen Ihnen die Eimer aus. Sagen Sie mal, ist Ihnen beim Tauchen der Sauerstoff ausgegangen?"

Anrufer: „Wenn Sie kommen würden, bräuchte ich ja keine Eimer mehr."

Wachtmeister: „Wenn wir kommen würden, wären die Eimer überflüssig, weil Sie im Bad schwimmen würden."

Anrufer: „Wenn ich im Bad schwimmen würde, bräuchte ich keine Feuerwehr mehr, sondern das technische Hilfswerk, um die Schäden der Überschwemmung zu entsorgen."

Wachtmeister: „Na, da bin ich aber beruhigt. Endlich haben Sie verstanden, dass Sie falsch verbunden sind. Jetzt legen Sie schon auf. Auf mich wartet nämlich ebenfalls ein Eimer."

Anrufer: „Was denn für Eimer? Löschen Sie vielleicht noch wie im Mittelalter mit Eimern anstatt mit Schläuchen?"

Wachtmeister: „Ja genau, unseren Brand löschen wir aus Eimern."

Anrufer: „Welchen Brand um Himmelswillen löscht denn die Feuerwehr heutzutage noch mit Eimern?"

Wachtmeister: „Na Sie sind vielleicht gut. Schauen Sie mal aus dem Fenster?"

Anrufer: „Ja und? Ich sehe nichts!"

Wachtmeister: „Aber fühlen tun Sie die Hitze schon, die da draußen herrscht."

Anrufer: „Ja mein Gott, im Sommer ist es halt heiß."

Wachtmeister: „Eben. Und weil es so heiß ist, haben wir einen gehörigen Brand."

Anrufer: „Und was hat der Brand mit den Eimern zu tun?"

Wachtmeister: „Menschenskind, Sie sind aber schwer von Begriff! Die Biergläser sind doch viel zu klein für unseren Durst! "

Wechselfall

Von weit
düstern Nebeleinsamkeiten
wechselnde Lichtblicke.

Ich hab die Lampe gehalten,
den Scheffel abgezogen.

Ein Wolkenbogen spannte
von Straße zu Straße.

Leergeräumt hüstelt Gartenlorbeer,
die Amsel verkroch sich unters Gebüsch.

„Komm", ruft ein Kranich,
„flieg dir den Herbst von der Seele,
gleich hinter dem Horizont
dreht sich die Erde."

Herbstzeit

Für alle Himmel,
die mächtigen Gewittern trotzen,
schinden Wolke für Wolke
sich die Schatten,

legen sich übers Land wie Matten,
bevor die grellsten Blitze protzen,
das Windgebläs Eiskörner
übers Gras lässt rotzen,
aus Zäunen Latten
reißt und Blätter von den Zweigen.

Mir zu eigen sind die Astern,
wenn ihre Blüten Wege pflastern.
Wenn ihre Sterne lila funkeln in dem Tosen,
begleiten mich noch lange Zeit
die Herbstzeitlosen.

Wechselbeziehungen

Ich komme und gehe,
sagt der Tag.
wenn du bleiben willst,
wirst du den Morgen
nicht erleben.

Ich schlafe und träume,
sagt die Nacht,
wenn du wachen willst,
wirst du den Tag
nicht erleben.

Ich blitze und strahle,
sagt die Sonne,
wenn du kühlen willst,
wirst du die Wärme
nicht fühlen.

Ich friere und zittre,
sagt die Kälte,
wenn du heizen willst,
schmilzt der Schnee.

Untergang

Ich will das Glühen
nicht versäumen,
das den Untergang bestimmt.

Seltsames Rot,
das den Horizont noch einmal
warm durchblutet.

Nacht tropft
aus der Wunde
blau gestillten Vergehens.

Und in den Adern der Zukunft
pocht der Traum.

Aufbruch

Die Nacht finstert
dunklen Schlaf.

Wenn gelber Strauch ginstert,
frühlingt, was dich traf:
Helligkeit, Wärme, Licht.

Zuversicht,
die dich umarmt,
Sterne, deren Licht verarmt,
zwinkern mir zu vor dem Untergehen.

Was für ein Wehen,
wenn der Wechsel fällt.

Widerspruch für Widerspruch
sich dir entgegenstellt.

Unwetter

Wolken wallen durch die Tage,
Blitze funken den Ernst der Lage,
Donner grollen sich aus.

Bist im Gewitter du eingeschlossen,
denk daran, Hagelkörner schon schossen
durch manches Haus.

Zähl die Schäden des Sommers hinzu,
bleibt dir nur eins: warte in Ruh,
bis der Winter eingekehrt.

Am lodernden Feuer wärme dich richtig,
für den Frühling ist eines nur wichtig,
dass die Samen unversehrt.

Die Blätter weinen

Die Blätter weinen, grämen sich zur Erde,
sie fallen, träumemüd, in kaltes Gras.
Dass keinem von dem Fallen schaurig werde,
zersplittern sie am Boden hart wie Glas.

Und alle Scherben stiebt der Wind als Wirbel
in hohem Bogen durch die Einsamkeiten.
Kein Vogel folgt, verfängt sich in dem Zwirbel,
sie hoben längst schon ab in ferne Weiten.

Und fällt dein Blick herab auf welke Blumen,
flunkert dir zu die stolze Herbstzeitlose,
sammle der Blüten letzte Farbenkrumen,
verteil sie sorgsam auf das Grün der Moose.

Landschaften

Wie die Sonne in den Hängen brilliert,
in bemoosten, verwilderten,
stark verwachsenen Schluchten,
wenn die Süße der Blüten lockt,
und das klare Wasser des Wildbachs perlt,
wenn der Schrei des Adlers widerhallt
im Echo der Gipfel und Kämme,
wandere ich durch die Landschaft
meiner vergessenen Sehnsucht,
verteile das Blau in meinen Augen
und im Herzgarten die Schönheit der Tiefe.

Anbruch

Nebel fasert in Land,
verwischt die Aussicht
bei Tagesanbruch.

Aus weißem Dickicht
reißen Windradflügel das Blau
aus dem Dunst.

Rot alarmiert
der Herzschlag der Technik
Vogelpopulationen,
der Mitte nicht zu folgen.

Warnrufe der Krähen
kreischen ins Tal,
weiten die Grenzen des Raums
ins Unsichtbare.

Ich trete vom Fenster zurück
ihm Ohr das Echo
brütenden Vogelvolks.

Wintergefecht

Die grauen Wolken sich verzopfen
in des Himmels dunkler Ferne,
Vögel kreisen letzte Formationen
und blaue Luken langsam verstopfen.
Die Sonne hängt ihre schwache Laterne
in den Horizont der Flugbahnstationen.

Über hartem rissigem Boden knorrt
verstört darbendes Astgeflecht
wie ein müd gewordener Gnom.

In den Bäumen die Mistel schnorrt,
zieht gegen die kalte Gewalt ins Gefecht,
Hagelkörnern des Frosts, dem Schneeweiß-Idiom.

Aus dem Ahnenholz ist Samen gesprungen
auf die Krallen buschiger Hörnchen.
Sie haben dem Sturm Dankeslieder gesungen
für jedes einzelne Körnchen.

Nikolausalarm

In der Notrufzentrale sitzt Wachtmeister Meyer vor dem Telefon und blättert in einer Zeitung. Er hat eine Nikolausmütze mit Blinklicht an. Es klingelt.

Wachtmeister gelangweilt: „Hallo, hier spricht Wachtmeister Meyer. Was kann ich für Sie tun?"

Anruferin außer Atem: „Ich möchte einen Einbruch melden?"

Wachtmeister zweifelnd: „Einen Einbruch, heute?"

Anruferin bestätigt: „Ja, einen Einbruch."

Wachtmeister verständnislos: „Wer soll denn an so einem Tag bei Ihnen einbrechen?"

Anruferin empört: "Das weiß ich doch nicht."

Wachtmeister: „Und wen wollen sie dann anzeigen?"

Anruferin aufgeregt: „Ich will keine Anzeige erstatten, bei mir wird gerade eingebrochen. Hören sie, sie müssen ganz schnell kommen!"

Wachtmeister: „So eingebrochen. Woher wollen sie das denn wissen? Wir kommen heute nur, wenn auch wirklich ein Einbrecher bei ihnen ist."

Anruferin aufgeregt: „Im Wohnzimmer kracht es, jemand hat „Hoho" gerufen und alles ist voller Ruß."

Wachtmeister jetzt interessiert: „Voller Ruß? Brennt es vielleicht?"

Anruferin: „Nein, es brennt nicht, jemand poltert und ruft „Hoho!"

Wachtmeister: „Gepoltert hat es, so, so. Haben Sie vielleicht ein Haustier?"

Anruferin: „Wir haben eine Katze. Was hat die denn mit dem Einbruch zu tun?"

Wachtmeister: „Vielleicht ist ihre Katze herumgesprungen, hat geschnauft und es ist etwas hingefallen."

Anruferin: „Das kann nicht sein, es war ein lautes Holterdipolter?"

Wachtmeister: „Ach, ein Holterdipolter, kein Traritrara, der Winter der ist da?"

Anruferin empört: „Nein, ein Holterdipolter, Winter haben wir schon."

Wachtmeister: „So, so. Was hat denn gepoltert, hat die Katze etwas umgeworfen?"

Anruferin wird immer aufgeregter: „Aber ich sage doch, dass es ein Einbrecher ist und nicht meine Katze. Die sitzt doch in der Küche."

Wachtmeister: „Ja, ja, jetzt regen Sie sich nicht so auf, sonst muss ich noch den Notarzt rufen. Öffnen Sie doch mal die Wohnzimmertür."

Anruferin voller Angst: „Was, ich soll die Tür öffnen?"

Wachtmeister: „Jawohl, die Tür, was denn sonst? Bis wir ankommen, ist der doch schon weg. Oder wollen Sie vielleicht durch das Kamin einsteigen?"

Anruferin ängstlich: „Aber der Einbrecher ist doch da drin, vielleicht hat er eine Waffe?"

Wachtmeister: „Woher wollen Sie denn wissen, ob er eine Waffe hat? Hat er schon geschossen?"

Anruferin erleichtert: „Nein, Gottseidank noch nicht."

Wachtmeister: „Ja dann öffnen Sie jetzt ganz vorsichtig die Tür und wenn es knallt, laufen Sie schnell davon."

Anruferin mutig: „Gut, auf ihre Verantwortung. Wenn ich verletzt werde, tragen sie die Kosten. Inklusive Schmerzensgeld."

Wachtmeister: „Und, was sehen sie?"

Anruferin berichtet: „Alles voller Ruß und Wind. *Fängt an zu husten.* Ich kann gar nichts sehen."

Wachtmeister: „Haben Sie vielleicht vergessen, den Adventskranz auszumachen?"

Anruferin: „Nein, er war doch gar nicht an!"

Wachtmeister: „Wo kommt dann der Ruß her?"

Anruferin: „Das weiß ich doch nicht!"
Wachtmeister: „Ist der Feuermelder angegangen?"

Anruferin wieder empört: „Nein, er hat nicht gewarnt."

Wachtmeister: „Na, dann hat es auch nicht gebrannt. Dann machen Sie mal ein Fenster auf."

Anruferin: „Ein Fenster? Gut, aber nur auf ihre Verantwortung."

Wachtmeister: „Und, können sie jetzt etwas sehen?"

Anruferin beruhigt sich: „Ja, der Rauch zieht ab."

Wachtmeister: „Und, was sehen Sie?"

Anruferin: „Hier liegen überall Socken herum?"

Wachtmeister: „Socken? Haben Sie Besuch gehabt?"

Anrufer: „Nein, niemand war hier."

Wachtmeister: „Dann riechen Sie doch mal daran?"

Anrufer: „Was, ich soll an fremden Socken riechen?"

Wachtmeister: „Ja, riechen Sie doch mal an einer Socke."

Anruferin nimmt eine in die Hand: „Igitt, die ist ja ganz kalt und feucht. In den anderen stecken lauter Süßigkeiten."

Wachtmeister: „Und sie sagen, es war kein Besuch im Haus? Haben sie vielleicht Halloween gefeiert?"

Anruferin verärgert: „Aber ich sage ihnen doch, ich hab niemand eingeladen. Außerdem ist Halloween schon lang vorbei."

Wachtmeister: „Wenn das so ist, sammeln sie die Socken ein und bringen sie mir die Beweise aufs Revier oder glauben sie vielleicht noch an den Weihnachtsmann?"

Anruferin irritiert: „Weihnachtsmann, ich bin doch kein Kind mehr."

Wachtmeister: „Eben, bringen sie alle gefüllten Socken zu mir."

Anruferin erstaunt: „Und was ist mit dem Einbruch?"

Wachtmeister: „Wenn nichts gestohlen wurde, gab es auch keinen Einbruch. Im Gegenteil, sie haben etwas bekommen, ohne zu wissen von wem. Wollen sie vielleicht eine Anzeige gegen den Weihnachtsmann aufgeben?"

Anruferin: „Gegen den Weihnachtsmann? Den gibt es doch gar nicht."

Wachtmeister: „Eben. Und weil sie etwas bekommen haben, das sie gar nicht bestellt haben, gehört es ihnen auch nicht und sie können die Socken deshalb zu mir bringen."

Anruferin: „Weshalb soll ich ihnen denn die Sachen bringen, die mir irgendjemand geschenkt hat? Ist es neuerdings eine Straftat, ein Geschenk zu behalten?"

Wachtmeister: „Nur, wenn sie nicht an den Weihnachtsmann glauben."

Anruferin: „Aber den Weihnachtsmann gibt es ja auch nicht."

Wachtmeister: „Dann bringen sie die Sachen ganz schnell zu mir, noch vor heute Abend."

Anruferin: „Wie, ganz schnell?"
Wachtmeister: „Sehen mal auf den Kalender? Und?"

Anruferin: „Es ist der 5. Dezember."

Wachtmeister: „Eben. Es ist Sankt Nikolaus und ich bin heut Abend der Weihnachtsmann."

Winterwunder

Kälte dampft. Auf Hügeln
federn Flocken, ein Sternentanz,
der aus dem Himmel fiel.
Und Wolken schweben
wie Brocken in den Zügeln
der Winterluft. Nie stieg
ein kälterer Herr aus dem Schlitten
und stampfte sein Zepter auf den Glanz
des Eises. Schneetropfen weben
Perlenketten, die beben
und langsam aus den Höhen glitten
sie hinab auf den Kranz
der Tannenkrone. Sie verstieg
sich in das Wintermärchen.

Auf frostigen Ästen
wippte ein Vogelpärchen,
nippte von den Futterkästen
und flötete Dankeslieder.
Drinnen brannten die Scheite nieder
im Kamin, dass Funken sprühten.

Und in den leeren Gärten blühten
Christrosen wieder,
kündeten vom kommenden Wunder
der Niederkunft. In stiller Nacht
entfesselte Himmelzunder
den Glauben an das göttliche Kind,
dass Christus Gnade die Seelen find,
und über uns ein Engel wacht.

Wiener Oper

Elisabeth Hollischek hatte gerade die Linzer Torte aus dem Backofen genommen, den Tisch mit Kaffeegeschirr gedeckt. Der Ehemann kommt herein und setzt sich an den Tisch. Sie stellt die Torte auf den Tisch.

Die Ehefrau setzt sich hin und sagt stolz: „Mogst vielleicht die Linzer Torten scho kosten?"

Der Ehemann liest in der Wiener Zeitung: „Linzer Torten? A Weanerin backt a Sachertorten."

Die Ehefrau sagt leicht genervt: „Willst jetzt a Stickerl oder net?"

Der Ehemann grantelt: „Dem Kaiser hättst des net hingstellt."

Frau Hollischek verteidigt sich: „Dem Franz net, aber dem Kaiser Maximilian I. Auf's Schloss hätt i ihms bracht nach Linz. Der hätt sich ganz sicher gfreit."

„Maximilian von Linz - schüttelt den Kopf - in welchem Jahrhundert bist du eigentlich zhaus? Die Habsburger regiern scho long nimmer. Unser Kanzler haast Sebastian Kurz."

„Jo, schad is scho", schwärmt Frau Hollischek, „obwohl der Sebastian Kurz genauso schneidig ausschaut wie der Franz woar."

„Jo kriag i jetzt a Stickerl von der Torten oder muss i vorher noch an Frack anziehn?"

Ehefrau legt ein Stück Torte auf seinen und ihren Teller: „Mogst auch an Kaffee?"

„Jo, Kuchen ohne Kaffee, wo gibst denn so was?. Host ach an Schlagobers?"

Frau Hollischek gießt Kaffee aus: „Na, Sahne is ma ausganga."

Der Ehemann bemerkt bissig: „Du wärst besser ausganga als da Schlagobers."

„Wie moanst denn dös jetzt?"

„Du hättst besser vor dem Backen olls eingholt."

„Ach so. Na ja, i hobs net aufm Zettel drauf ghabt."

Beide beginnen Kuchen zu essen und Kaffee zu trinken. Die Ehefrau blättert im Weihnachtsprogramm der Wiener Oper.

Sie begeistert sich: „Du, die Wiener Oper hot an tolles Programm über die Weihnachtstog. Tschaikowskis Nussknackerballett, das Weihnachtsoratorium und die Zauberflöte. Bestimmt is wieder olls ausverkauft."

Herr Hollischek referiert: „Jo, des is guat fürs Gschäft. Do kuman die feinen Herrn mit die Damen und lossen sich durch Wien kutschieren. Dös gibt a scheenes Trinkgöld."

„Fiaker müsst ma sein. (seufzt voller Sehnsucht) Wos meinst, solln wir auch in die Oper gehn?"

Der Ehemann entrüstet sich: „Wos, du und i, in die Oper?"

Die Ehefrau schwärmt: „Warum net? Do könnt i endlich wieder mein schickes Kleid und den Nerzmantel auftragen."

Der Ehemann entgegnet schroff. „Dös konnt's auch ohne die Oper. Gehst mit dem oiden Mantel von der Tanta Ida halt in den Prater."

„Oider Mantel? Wos kann i denn dafür, dass du mir keinen gscheiten Mantel schenkst?"

„Jo bin i vielleicht a Göldspucker oder an Fiaker?"

Die Ehefrau schwärmt wieder: „Jo, jo, is scho recht, ober die Leit im Parkett, weißt, die schauen immer so feierlich aus."

Herr Hollischek regt sich auf: „Na servas, wann i die in der Kutschen sitzen hob, san di goar net feierlich. Do redens nur gschwollen doher. Und die so gonz nobel san, stehn am Würschtlstand, verdrücken die Debreciner und geben ka Trinkgöld."

Sie grittelt: „So, so. Wann i mit dir im Fiaker sitzen tät, würds du dann a Trinkgöld gebn?"

Herr Hollischek stellt fest: „I red von die noblen Herrn, net von am Fiaker!"

„So, so. San die Fiaker net nobel? Bist deshalb so grantig? Host vielleicht Angst, i würd di für an noblen Herrn holten?"

„Wos, wos moanst dann domit? An Fiaker is wos Bsondres, der foart nur in Wean."

Die Ehefrau räsoniert: „A Kutscher is a Kutscher."

Herr Hollischek regt sich auf: „Wos haast, a Kutscher is a Kutscher? An Fiaker foart die holbe Wölt durch Wean, von der Oper zum Heurigen, vom Lusthaus zum Stephansdom. Oll Leit hob i schon durch Wean gfoarn. Do soll a Fiaker nix Bsondres sein?"

„I hob net gsogt, dass du nix Besondres wärst."

„So? Host net?"

„Na, i hob gsogt, dass du an Kutscher bist."

Der Ehemann ist empört: „Jo, a Kutscher is a Kutscher, host gsogt. Als wenn i net nobel sein könnt. Wann i in die Oper mit dir gehn würd, tät i jedenfalls an Champagner trinken un net so an gzuckertes Wasser un außerdem tät i an Weaner Schnitzel bestölln anstatt am Würschtlstand umadum stehn und den Senf vom Finger schlecken."

Die Ehefrau sagt verschmitzt: „An Fiaker geht also doch in die Oper, trinkt Champagner und isst Weaner Schnitzel?"

„Dös hob i gsogt."

Frau Hollischek sagt voller Freude: „Hob i doch gwusst, dass'd nobel sein kannst, wennst willst. Dann bestöll i jetzt Karten für die Zauberflöte von Mozart und an Tisch im Restaurant Albertina."

Der Ehemann grantelt wieder: „Mozart, wieso denn Mozart? Bist a Weanerin oder a Salzburger Nockerl?"

Die Ehefrau entgegnet: „Bist du an Fiaker oder an Kutscher?"

Weihnachtswunder

Es stand ein Kind im dünnen Kleid
neben Soldaten, die kampfbereit,
hat noch kein Licht, nur Leid geseh'n.
Es kam von weit, von Bethlehem.

Kennt keinen Frieden. Ringsumher
will jeder siegen seit alters her.
Ach betet all, die ihr beten könnt,
und tragt den Schall still durch den Advent

hin zu unserm Herre Christ, dass am heiligen Ort
er niemand vergisst, dass für alle dort
einmal Frieden sei und der Stern sie erhellt
beim Klang der Schalmei.

Überall auf der Welt, nicht nur in Bethlehem,
oh lieber Herre Christ, lass das Wunder gescheh'n.

Wie groß die Gnad

Wie groß die Gnad, wie süß das Horn,
das mich errettet hat.
Bis ich dich fand schien ich verlorn,
dein Licht die Welt betrat.

Wie weit der Weg, wie groß die Angst,
wie kostbar deine Gnad,
mit der du um mein Leben bangst,
dein Heil, Erlösung naht.

Die Engel künden auf dem Feld
Gott stieg vom Thron herab,
trägt Christus Liebe in die Welt
auf ewig bis ins Grab

Das Fleisch vergeht, die Seele lebt,
das Land zerfällt wie Schnee.
Mein Alles nur zu dir hin strebt,
kein Leid kennt und kein Weh.

Wenn du mich rufst zu folgen dir
in eine andre Zeit,
kehr ich voll Freude heim zu dir,
zu dir in Ewigkeit

Zu singen auf die Melodie „Amazing Grace"
Melodie: Verfasser unbekannt, veröffentlicht in *Southern Harmony* von 1835 Text: John Newton, 1779

Kältegipfel

Die Botschaft gefrorener Klippen:
hier sprang ein Steinbock in den Tod.
In raue Eisflächenrippen
hämmert die Kälte das Aufgebot
des Winters. Wo Schneebretter
wie Schürzen den Fels überragen,
regt sich kein Laut.
Die gähnenden Gipfel vertagen
das Licht, hier wird kein Haus gebaut.

Und aus den Höhen wallen Flocken,
verhärten im ewigen Eis.
Die dunkle Zeit kam ins Stocken,
hält an den Erdenkreis.

Wenn viele Monde gegangen
im niederen Sonnenlauf,
von den Hängen mit rosigen Wangen
ein Kälbchen wandert bergauf.

Wintergeplänkel

Nebel triefen
über schneeweiße Laken
Rehe schniefen
Teiche und Bäche blaken
in die Kälte Eisgezeche
Kristallgespinste

Von eisernen Toren
schleift der Sturm den Rost
Frost beißt in die Wangen der Barren
die Fasern verloren
und unentwegt knarren
ein Hirschkäfer grinste

Zeternde Dohlen
wachen auf Gartenpfählen
ein Johlen und Kreischen
wenn vor den Augen der Wintergeneräle
abends Nesträuber heischen
den Futterplatz umstellen

Und aus den Schornsteinen der Alm
raucht schwefeltrüber Qualm
in das Dunkel verworren
während im Stall die Farren
im Heu stampfen und strählen
die Mutterkühe, die darin schliefen

Winternarretei

Der Winter zieht die Stiefel aus,
rutscht durch den Februar
mit durchgetretenen Sohlen.

Die Fastnacht trommelt schon voraus,
bekämpft den Kälterest
mit Ratschen und Johlen.

Maskenträger stanzen durch Straßen,
verjagen das Dunkel
laut und unverhohlen.

Narren im Mummenschanz spaßen
mit Glöckchen und Pfeifen,
den Winter soll der Teufel holen.

Inhaltsverzeichnis

Bücher von Vera Hewener

Vermisstenanzeige. Gewidmet den ermordeten Juden des Naziregimes. Lyrik und Prosa. Vera Hewener. Libri BoD. Norderstedt 2000. ISBN 3-8311-0748-3. 2. erw. Auflage 2014. ISBN 978-3831107483.

Lichtflut. Reisenotizen. Lyrik und Prosa. Vera Hewener. Edition Calamus. Norderstedt 2001. ISBN 3-8311-1493-5. 2. erw. Auflage 2014. ISBN 987-3831114931.

Eine Neigung aus Blau. Gegenwartslyrik. Vera Hewener. Norderstedt 2002. ISBN 3.8311-3334-4. 2. Auflage 2014. ISBN 9783831133345

Bist Himmel mir und tausend Feuerfunken. Gedichte. Vera Hewener. Mauer Verlag. Rottenburg a/N. 2003. ISBN 3-937008-46-2.

Verwirbelungen der Zeit. Vera Hewener. Lyrik mit Bildern von Carolin Isele. WiKu Éditions Paris E.U.R.L. Paris und WiKu Verlag KG Berlin 2005. ISBN 3-86553-203-9.

Es kommen andere Ewigkeiten. Gedichte. Vera Hewener. WiKu Édition Paris ISBN 2-84976-0188 WiKu Verlag 2007. ISBN 978-3-86553-189-6.

Himmelsstürme. Vera Hewener. Gedichte mit Fotografien. edition Wort Verlag Bitburg 2010. ISBN 978-3-936554-00-3.

Das Jahr: Dichtung in vier Sätzen. Vera Hewener. Gedichte mit Fotografien. BoD Books on Demand Norderstedt 2013. ISBN 978-3-7322-3168-3.

Zaubervolle Winterwelt. Gedichte, Geschichten, Notizen. Vera Hewener. Verlag BoD Books on Demand. Norderstedt 2014. ISBN 9783735761262.

Frühlingsserenade. Die schönsten Gedichte, Geschichten und Notizen zur Frühlingszeit. Vera Hewener. Verlag BoD Books on Demand. Norderstedt 2015. ISBN 978-37347-3140-2.

Die Blüte des Sommers. Sommeranthologie. Die schönsten Gedichte, Geschichten und Kalendernotizen. Vera Hewener. Verlag BoD Books on Demand. Norderstedt 2015. ISBN 978-3-7347-89540.

In der Saar schwimmen keine Krokodile. Gegenwartslyrik & Texte. Vera Hewener. Verlag BoD Books on Demand. Norderstedt 2015. ISBN 9783738635676

Von Lorraine nach Aquitaine. Reisenotizen in Lyrik und Prosa. Vera Hewener. Verlag BoD Books on Demand. Norderstedt 2016. ISBN 9783741210860.

Du trocknest meine Tränen wieder. Religiöse Lyrik & Texte. Vera Hewener. Verlag BoD Books on Demand. Norderstedt 2016. ISBN 9783743113589.

Zaubervolle Jahreszeien. Der Frühling. Vera Hewener. Verlag BoD Books on Demand. Norderstedt 2017. ISBN 9783743125117.

Aus meinem Federkiel. Magische Momente. Natur & Seele. Gedichte. Vera Hewener. Verlag BoD Books on Demand. Norderstedt 2017. ISBN 9783744870511.

Zaubervolle Jahreszeiten. Der Sommer. Vera Hewener. Verlag BoD Books on Demand. Norderstedt 2017. ISBN 9783744870993.

Kerzen, Wunder, Himmels-Zunder. Vera Hewener. Lustige und besinnliche Geschichten und Gedichte zur Advents- und Weihnachtszeit. Verlag BOD Books on Demand. Norderstedt 2017. ISBN 9783744893824.

Die Jahreszeiten: Auslese. Gedichte. Vera Hewener. Verlag BOD Books on Demand. Norderstedt 2018. ISBN 9783738636017

Werkausgabe Band I. Frühe Gedichte 1970-1999. Verlag BOD Books on Demand. Norderstedt 2018. ISBN-13: 9783746025292

Kinder, Hund, Familienbund. Lustiges, Tierisches und Allzumenschliches in Lyrik und Prosa. Vera Hewener. Verlag BOD Books on Demand. Norderstedt 2018. ISBN 9783746056821

Zaubervolle Jahreszeiten. Der Herbst. Vera Hewener. Verlag BoD Books on Demand. Norderstedt 2018. ISBN 9783752842135

Christnacht, Glocken, Engelslocken. Gedichte und Geschichten zur Weihnacht. Vera Hewener. Verlag BoD Books on Demand. Norderstedt 2018. ISBN 9783748107637.